날개가 그린 시간

날개가 그린 시간

2025년 9월 15일 초판 1쇄 발행

글쓴이	홍철영
그린이	분주한 수달이

펴낸이	김영미
디자인	젤뚜르다
교정·교열	김혜원

펴낸곳	21세기 여성 – 그린란드
출판등록	제2019-000011호
전자우편	femme21c@naver.com
인스타그램	@greenland_books
ISBN	979-11-992674-3-5 (03490)
인쇄	까치원색

* 이 책의 저작권은 저자와 그린란드에게 있습니다.
* 무단 복제 및 도용을 금지합니다. 책 내용의 전부 또는 일부를 재사용하려면 양측의 동의를 받아야 합니다.
* 책값은 뒤표지에 있습니다.
* **그린란드** - 생명의 아름다움을 책에 담아내다. 그린란드는 21세기 여성 출판사의 임프린트 브랜드입니다.

날개가 그린 시간

글-홍철영, 그림-분주한 수달이

글쓴이 **홍철영**

연세대학교 신문방송학과 졸업. 부산국제영화제와 제천국제음악영화제에서 일했고, 영화음악 A&R 프로듀서, 독립영화 프로듀서로 일한 경험이 있다. 여행과 자연을 좋아해 혼자 북극권의 그린란드를 다녀오기도 했으며, 여행, 음악 그리고 각종 문화 분야 칼럼니스트로도 활동했다. 2022년 그림책 "낙동강 감동포구의 생명-조류편"의 글을 썼다. 과학, 생태와 예술의 결합, 지역 아카이빙에 관심이 많은 문화 기획자로도 활동하고 있다.

그린이 **분주한 수달이_안희정**

수채화를 바탕으로 하는 그림책 작가이며 작가명을 '분주한 수달이'로 쓰고 있다. 일본 교토 세이카대학에서 스토리만화를 전공하고 '예술 연구'로 박사 과정을 수료했다. 생태와 예술의 결합, 지역 아카이빙과 커뮤니티 활동에 관심을 가지고 있으며, 전시 기획을 비롯한 문화 기획자로도 활동하고 있다. 최근 문화 예술 공간인 '홍안의상상'을 열어 여러 예술가들과 협업하며 새로운 지역 공동체 활동을 벌이고 있다.

추천사

　세 가지 기억이 있다. 첫 기억은 '공포'였다. 중학교에 다닐 무렵, 집 창가에 매달아 둔 새장 속에 십자매 한 쌍을 길렀다. 여름 어느 날 낮잠을 자고 일어나 새장을 들여다보다 새와 눈이 마주쳤다. 매일같이 모이며 물을 갈아주며 예쁘다, 귀엽다 했었는데 문득 십자매의 얼굴이 무섭게 느껴졌다. 귀가 보이지 않는 매끈하게 둥근 얼굴에 부리는 튀어나와 있고, 결정적으로 마주친 새의 눈이 감기는데 반투명한 막이 아래에서 위로 안구를 덮는 걸 발견해버린 것이다. 흡사 작은 외계인이라도 본 듯 소스라쳤다. 그 뒤로 새를 정면으로 보는 것을 꺼렸다.

　몇 해 전, 아름답다 말만 듣다 처음으로 가본 순천만에서 탐조선을 탔다. 해 질 무렵 펼쳐진 갯벌 위를 까만 새들이 날고, 걷고, 연신 고개를 주억거리고 있었다. 해설사의 설명에 따라 저것이 도요새인가, 저것이 오리인가 하며 쳐다보았다. 해설사에게 들었던 수많은 새들의 이름을 기억하지 못한다. 다만 새들은 노을 지는 갯벌의 풍경을 완성하는 오브제였을 뿐이었다.

딸아이가 초등학교에 들어가기 직전쯤이었던 것 같다. 2년 정도 아이가 가는 숲학교를 주말마다 따라다녔다. 나무와 풀, 버섯은 물론 자벌레와 나방, 딱정벌레 같은 무수한 곤충들을 만났고, 계곡물 바위틈에서 도롱뇽을 발견하기도 했다. 하지만 겨울 숲은 보이는 것이 없었다. 어느 날 숲선생님은 망원경을 준비해서 두물머리로 오라고 했다. 강물엔 살얼음이 끼어 있었다. 거기서 물닭이라는 놈을 처음 보았다. 검은 몸에 흰 주둥이, 가끔 물속을 뒤지듯 고개를 박았다. 회색 겨울 강가 풍경 속에서 그 장면은 흑백사진처럼 머릿속에 남았다. 새는 드디어 내게 제대로 기억되었다. 아마 지금은 커버린 아이가 입시 공부에 시달리기 전, 내게 주었던 추억이기 때문일 수도 있겠다.

책 속에서 작가는 중랑천에서 꼬마물떼새를 만나고, 등산으로 탈진한 지리산 계곡에서 물까마귀와 마주쳤다. 그리고 다정하고 세심한 인사를 건넨다. 통성명을 하고 안부를 묻는다. 반갑다고 잘 지내느냐고, 살기 팍팍할 텐데 밥은 먹고 다니느냐고.

장식품이나 풍경 속 조연이었던 새들이 나의 삶 속 한 존재로 들어왔을 때 비로소 이름을 알게 되고, 뭘 먹는지도 보게 된다. 아이와 함께 보았던 물닭이 내게 각인된 것처럼, 작가는 곳곳의 삶의 여정 속에서 만난 새들에게 팬심을 품고 꽤 오랜 시간 '덕질'을 해왔던 것 같다. 사진을 찍고, 그림을 그렸을 것이다. 학명을 찾아보고, 생태를 연구했을 것이다. 책은 그가 여태 긁어모은 정보들로 가득하다. 하지만 한

단락, 한 단락을 완성하는 것은 사람이었다. 그 뒤에야 새는 비로소 깃털을 다듬고 하늘로 날아오르는 것이었다. 다정한 벗 홍철영의 노고에 박수를 보낸다.

성장경_MBC 100분 토론 진행자, 앵커

그룹 동물원 활동을 통해 인연을 맺은 후배 홍철영 작가와 아내 안희정 작가가 새에 관한 책을 준비한다는 이야기를 들었을 때부터 과연 어떤 책을 만들지 궁금함을 참을 수 없었다. 그도 그럴 게 홍철영 작가는 내가 지금까지 만나온 많은 사람 중 따듯하고 재밌고 기발하기로는 다섯 손가락 안에 드는 후배이기 때문이다. 출간을 코앞에 둔 글을 접하고 역시 홍철영 작가답다는 생각에 슬며시 미소가 지어졌다.

이 책은 외갓집 강변을 비롯해 작가가 삶의 공간에서 만났던 다양한 새에 관한 글이자 작가의 어린 시절부터 지금까지의 삶의 기억들이 녹아있는 시화집 같다. 작가는 새를 통해 아버지 어머니에 대한 그리움, 친구들과 즐거웠던 여행의 추억, 지리산 자락 촌로의 후한 인심에 이르기까지 수많은 기억의 조각들을 찾아 보여주고 있다. 작가의 글을 읽는 내내 나의 지난 시절 슬프거나 행복했던 기억이 떠올라 가슴 한편이 저릿했다. 세상에서 가장 아름답고 서정적인 이 생태 도감이 잊고 있었던 추억을 소환하고 우리 삶을 더 곱게 물들이리라 기대한다.

박기영_그룹 동물원 멤버, 홍익대학교 공연예술학부 교수 홍철영 작가는 부산으로 간 후 낙동강 하구의 하늘 위를 몇 년 동안 정지비행 하였다. 그리고 동료 안희정 작가와 함께, 천천히 바람을 타고 활공을 시작했다. 좋은 이야기가 나올 것이라는 바람을 타고.

자연을 지키는 문화기획가 부부가 부산의 여름 같은 책을 냈다. 홍철영 작가는 '여름방학 날씨'가 그리워 이 책을 썼다. 어린 시절의 부모님과 가족, 낙동강 하구의 자연이 그리웠다. '날개가 그린 시간'이라는 제목은, 새라는 그리움에 대해, 새처럼 날아가버린 그리움에 대해, 새처럼 곱고 아름다운 그리움에 대해 말해준다.

이토록 아름다운 세밀화 풍으로, 있는 그대로 새들을, 섬세한 날개들을, 지나간 자연의 시간을 묘사한 안희정 님의 그림을 눈여겨보기를 권한다.

안영노_문화기획자, 안녕소사이어티 대표, 전 서울대공원장

차례

추천사　　　　　　　　　　　　　　　　　　5

1. 가을 강변의 기러기, 어머니… 아버지…　　13
   - 큰기러기, 쇠기러기, 개리

2. 우아한 아름다움이란 이런 것이다.　　　　28
   - 고니, 큰고니, 흑고니

3. 우리에게 친숙한 물갈퀴들　　　　　　　　36
   - 흰뺨검둥오리, 청둥오리, 고방오리, 쇠오리, 흰죽지

4. 오리들과는 구별해 주세요.　　　　　　　　45
   - 논병아리, 뿔논병아리, 물닭, 쇠물닭

5. 우리 문화와 친숙한 새들과 특이한 부리의 저어새류　53
   - 뜸부기, 황새, 두루미, 재두루미, 노랑부리저어새, 저어새

6. 매서운 물가의 사냥꾼들　　　　　　　　　63
   - 왜가리, 쇠백로, 중대백로, 해오라기

7. 매사냥과 아버지의 기억　　　　　　　　　69
   - 황조롱이, 솔개, 참매, 매, 말똥가리

8. 전설이 되어 가는 슬픈 제왕들　　　　　　　　83
　- 참수리, 수리부엉이

9. 쉬어 가는 나그네들　　　　　　　　　　　　90
　- 꼬까도요, 마도요, 세가락도요, 청다리도요

10. 물가의 귀염둥이들 그리고 꿈처럼 스쳐 간 친구　97
　- 꼬마물떼새, 댕기물떼새, 물까마귀

11. 숲과 공원에서 만난 친구들　　　　　　　　108
　- 동박새, 오색딱따구리, 청딱따구리, 물총새, 후투티, 꿩

12. 파란 달개비꽃과 실개천이 있는 풍경　　　　122
　- 제비, 딱새, 박새, 곤줄박이, 붉은머리오목눈이

글쓴이의 말　　　　　　　　　　　　　　　　138
그린이의 말　　　　　　　　　　　　　　　　140
용어 설명　　　　　　　　　　　　　　　　　142
참고 문헌　　　　　　　　　　　　　　　　　145

1. 가을 강변의 기러기, 어머니… 아버지…
- 큰기러기, 쇠기러기, 개리

내가 이 글을 쓰기 시작할 무렵, 장마는 끝나가고 푹푹 찌는 한여름 무더위가 시작되고 있었다. 모든 것을 녹여버릴 듯이 작열하는 태양, 머리 위로 가까이 떠 있는 뭉게구름과 가끔 지나가는 소나기, 시끄럽게 울어대는 뒷산의 매미들(심지어 밤에도 울어대는….) 나는 이런 날씨를 언젠가부터 '여름방학 날씨'라고 불러왔다. 이런 날씨는 어린 시절의 추억과 여름방학이라는 시간의 한 자락을 생각나게 한다. 나는 유년 시절부터 동물들과 자연을 좋아해 집 앞마당의 꽃이며 나무, 곤충들과 함께 지냈고 친구들과는 물론 혼자서도 산으로 바다로 강으로 다니기를 좋아했다. 꽃과 나무와 풀, 그 속에 사는 곤충들, 물속의 물고기들, 새와 동물들을 보는 것이 너무나 즐거웠다. 이렇게 자라오며 좋아하던 동물들과 자연 그리고 가족에 대한 추억을 담아 새 이야기를 시작해 보려 한다.

어머니의 고향은 경상남도 김해다. 아버지는 이북 출신이라 어린 시절의 내가 기억하는 친척 집은 부산에서 강을 건너가면 있는 김해의 외갓집이 전부였다. 외할아버지 외할머니는 내가 태어나기도 전에 모두 돌아가셔서 김해에는 큰외삼촌이 살고 있었으니, 엄밀히 말하자면 큰외삼촌댁이었다.

내가 6살 때쯤인가… 아마도 추석이 지나고 가을이 깊어 가던 때였던 것 같다. 어머니는 외갓집에 가기 위해 어린 나의 손을 잡고 버스를 타고 부산 낙동강변의 구포로 갔다. 거기에서 시골로 들어가는 누런 황토빛 먼지를 뒤집어쓴, 흰 바탕에 빨간색 선이 있는 시외버스(이 버스의 앞쪽 운전석 옆에는 할머니들이 보따리를 놔두거나 앉으면 엉덩이가 따뜻하게 느껴지는 하얀 디젤 엔진 덮개가 있었다)를 타거나, 강변 선착장의 작은 여객선(거의 통통배에 가까운 목선)을 타고 강 건너로 간 다음 다시 한참을 걸어가면 외갓집으로 갈 수 있었다. 그날은 시외버스 시간이 안 맞았었는지 배를 타고 가기로 하고, 배를 타기 전까지 시간을 보내러 다리 아래 강가로 내려갔다. 강가에는 갈대들이 바람에 스산하게 소리를 내고 있었고 강변은 재첩 조개껍데기가 많은 작은 자갈과 모래로 덮여 있었다.

서늘하게 찬 바람이 부는 날씨였는데 머리 위로는 울음소리를 내면서 날아가는 기러기들의 V자 편대 비행을 볼 수 있었다. 기러기라는 이름은 '기럭기럭' 하며 내는 울음소리로 인해 붙여진 것이다. 당시엔 그 무렵이면 기러기 같은 새들이 떼를 지어 낙동강가를 찾아오는 모습을 흔히 볼 수 있었다. 그렇게 날아온 새들은 추수를 끝낸 근처 논이나, 채소 수확이 끝난 밭에 무리 지어 내려앉았다. 그 새들은 큰기러기와 쇠기러기 같은 기러기류들이거나, 오리들도 조금씩 섞여 있었을 것이다.

구포 선착장에서 배를 타고 강 건너의 김해에 내리는 곳을 '안막'이라고 했다. 지명의 유래를 살펴보면 '안막(雁幕)'의 '안(雁)'은 기러기를 뜻하는 글자이고, 낙동강 개간 당시 기러기를 지켜주는 막이 여러

곳에 있어 '기러기 막'이라는 뜻의 안막이라고 했다고 한다.[1)]

 그런데 환경 의식이 그다지 없던 시절에 강을 개간할 때 기러기를 지켜주는 막을 여러 곳에 만들었다는 것은 그대로 믿기가 어렵다. '막(幕)'은 '덮다'라는 뜻도 있으므로 '기러기로 덮여 있는 들판'이라는 뜻으로 보는 게 더 자연스럽지 않을까? 어쨌든 그 근처가 그만큼 기러기들이 많이 날아드는 들판이었던 것은 분명해 보인다.

 외갓집이 있던 곳을 큰외삼촌과 어머니는 '새느리'라고 불렀다. 이는 '새'에다가 '세상'이나 '너른 땅'을 뜻하는 순우리말 '누리'가 합쳐진 형태인 '새누리'를 경상도 사투리로 발음한 것이다. 새누리는 현재 행정구역명으로 '조눌리'인데 이 지명 역시 새 '조(鳥)' 자에서 온 것이다. 새누리라는 지명은 강변을 따라 넓은 모래톱이 펼쳐져 철새들이 많이 찾아오는 곳이라는 뜻으로 지어진 이름이라고 한다. 어머니가 태어나 어린 시절을 보내셨던 고향은 이렇게 김소월 시인의 시, '엄마야 누나야'가 생각나는 강변과 금빛의 모래톱이 있는 철새들의 낙원과도 같은 곳이었다. 지금도 가을에 강가로 가면 언제나 기러기와 외갓집이 생각난다. 아련하고 애처로운 어머니에 대한 기억과 함께….

 기러기는 잘 아는 것처럼 가을에 우리나라를 찾아와 이른 봄까지 머무는 겨울철새다. 애잔한 가을의 느낌이 있어 수많은 시와 노래의 소재로 쓰였으며 가을을 알리는 전령사로도 불린다. 어렸을 때 '달 밝은 가을밤에 기러기들이~♪' 하면서 어머니와 함께 부르던 옛 동요, '기러기'가 생각난다. 지금도 이 노래를 생각하면 가을 첫서리의 느낌처럼 스산하고 차가운 공기가 코끝에 다가오는 듯하다.

'기러기'

- 윤석중 작사, 스티븐 포스터 작곡

달 밝은 가을밤에 기러기들이
찬 서리 맞으면서 어디로들 가나요
고단한 날개 쉬어 가라고
갈대들이 손을 저어 기러기를 부르네

산 넘고 물을 건너 머나먼 길을
훨훨 날아 우리 땅을 다시 찾아왔어요
기러기들이 살러 가는 곳
달아 달아 밝은 달아 너는 알고 있겠지

'기러기'는 미국의 작곡가 스티븐 포스터의 곡을 가지고 아동문학가 윤석중이 가사를 붙인 번안곡으로 어린이 동요로 많이 불렸다. 윤석중은 한국 아동문학을 대표하는 대한민국의 시인이자 아동문학가이다.

곡을 만든 스티븐 콜린스 포스터(Stephen Collins Poster)는 1840년대부터 1860년대까지 200여 곡을 남긴 미국 대중음악 사상 최초의 중요한 작곡가로 여겨진다. 우리나라에서도 학교 음악 교과서에 그의 곡들이 실려 오랜 세월 애창되었다. 대표곡으로는 '켄터키 옛집(My Old Kentucky Home)', '스와니강(Swanee River)', '오, 수제너(Oh, Susanna)' 등이 있다.[2]

우리나라에서 많이 관찰되는 기러기는 두 종류가 있다. 큰기러기와 쇠기러기인데 이름 그대로 큰기러기가 조금 더 크다. 두 종류 다 가을에서 이른 봄까지 강 하구나 습지, 추수가 끝난 들판 등지에서 지낸다. 보통 두 기러기 무리가 함께 지내는 경우가 많은데, 지역에 따라 큰기러기가 흔한 곳도 있고 쇠기러기가 더 많이 관찰되는 곳도 있다.

기러기는 앞서도 말했듯이 흔히 V자 형태로 편대 비행을 한다. 여기에는 과학적인 이유가 있다. 맨 앞에서 선두로 비행하는 기러기의 날갯짓으로 날개 끝 쪽에서 상승기류가 만들어지는데, 이것은 뒤따라오는 기러기들이 떠오르게 하는 양력을 제공하여 힘을 덜 들이고 날 수 있게 만든다. 이는 뒤쪽의 새들에게 계속해서 이어져 무리 전체가 에너지 소모를 줄이며 먼 거리를 비행할 수 있게 되는 것이다. 게다가 선두에서 날아가는 새도 교체해 가며 서로를 배려한다.

기러기는 사람들에게 아주 친숙한 새로, 오랜 옛날 서양에서는 야생의 회색기러기를 길들여 가축으로 만든 것이 거위라고 알려져 있다. 그래서 영어로 거위는 'goose', 기러기는 '야생 거위'라는 뜻의 'wild goose'로 불린다. 아시아에서는 같은 기러기목의 새인 개리를 길들여 거위로 만들었다고 보고 있다.[3]

개리는 요즘 그 수가 많이 줄어들어 야생에서 보기가 쉽지는 않다. 우리나라나 중국의 거위는 정말로 개리와 많이 닮은 모습이다. 부리 위쪽 기부(머리와 부리가 만나는 부분, 용어 설명 부분 참조)의 혹 같은 부분을 제외하면 아시아의 거위들은 몸의 무늬와 색깔이 거의 개리와 다름없어 보인다.

기러기와 거위 이야기를 하자니 어렸을 때 봤던 텔레비전 만화영화, '닐스의 모험'이 생각난다. 어렸을 때 일요일 아침이면 볼이 통통한 하

얀 거위 모르텐을 타고 기러기들과 함께 새들의 천국이라는 라플란드로 향해 가던 닐스의 모험을 보곤 했다. 그 기러기 떼를 뒤쫓아 가며 잡아먹으려다 번번이 실패를 거듭하던 여우에게는 가련함마저 느꼈었다. 모르텐은 원래는 날지 못하는 거위지만, 야생의 기러기들이 하늘을 날아가는 모습을 보며 자기도 여행을 하고 싶다는 열망으로 끈질기게 날갯짓을 하다가 마침내는 하늘을 날게 되는 의지의 주인공이다.

 이 만화영화는 일본에서 제작된 애니메이션을 우리나라에서 방영한 것인데, 원작은 스웨덴 작가 셀마 라겔뢰프의 '닐스의 이상한 모험'이라는 소설이다. 원작의 이름은 '닐스 홀게르손의 신기한 스웨덴 여행'으로 '닐스의 신기한 모험', '닐스의 이상한 여행' 등 여러 가지로 불린다. 줄거리를 보면, 스웨덴 남부의 말썽꾸러기 소년 닐스는 동물들과 요정을 괴롭히다가 요정의 마법에 걸려 요정만큼 작아지는 바람에 집에서 기르던 동물들에게 복수를 당한다. 그래서 거위 모르텐을 타고 기러기들과 함께 여행을 떠나 모험을 하게 된다. 라겔뢰프는 이 책을 통해 스웨덴의 역사와 문화, 지리학적인 내용을 잘 담아냈고, 여성 최초이자 스웨덴 최초로 노벨문학상을 받았다. 이 책은 그녀가 쓴 글 중에서 가장 널리 알려진 작품으로 30여 개 이상의 언어로 번역되어 출판되었다.[4]

　스웨덴은 내가 대학 시절 생애 최초로 해외여행을 갔던 곳이다. 스웨덴은 당시 한국 사람들이 최초로 해외여행을 가기에는 너무나 생소한 나라였다. 여름의 스웨덴 스톡홀름은 너무나 낮이 길었던 기억이 생생하다. 북극권에 가까운 고위도에 있는 스웨덴은 여름에는 백야에 가깝게 낮이 길다. 스웨덴에 도착한 날, 공항에서 숙소로 이동한 후 저녁을 먹으러 나왔는데 바깥은 늦은 오후 정도의 느낌이었다. 도심의 노천카페에서는 많은 사람들이 맥주를 마시고 있어서 꼭 낮술을 마시는 것처럼 보였는데 시간은 밤 10시를 향하고 있었다. 그 당시 스톡홀름은 밤 10시가 넘어서 해가 지고, 새벽 3시쯤에 벌써 해가 뜨기 시작한 것으로 기억한다. 잠을 잘 자기 위해서 호텔의 창문 커튼은 모두 두꺼운 천으로 되어 있었다. 북유럽의 여름 날씨는 아주 상쾌했다. 기온도 적당히 높고 바람은 쾌적하고 햇살은 쨍하지만 부드러운 느낌이었다. 나무들은 싱그럽고 공원의 사람들은 가벼운 옷차림으로 바람과 햇살을 즐기는 여유로운 모습이었다.

　이 스웨덴 여행에도 재미있는 배경이 있었는데 그 당시 나는 모 방송국에서 창사 특집으로 해마다 개최하던, 국내에서 시작해 해외까지 가던 큰 규모의 퀴즈쇼에 출전했었다. '창사 특집, 세계로 가는 퀴즈 – 북유럽 편', 이런 타이틀이었다. 총 3만 명이 넘는 최초 출전자들 사이에서 퀴즈를 계속 통과해 최종 스무 명 안에 들어 스웨덴까지 가게 된 것이다. 그해 여름 스웨덴에 가서 환전을 한 20크로나 지폐에는 셀마 라겔뢰프의 얼굴과 모르텐을 타고 있는 닐스와 기러기들의 모습이 그림으로 그려져 있었다. 화폐의 모델로 쓸 만큼 스웨덴이 자랑하는 유명한 작가이고 작품인 것이다.

기러기는 아버지의 고향인 북한에서도 흔하게 보던, 우리나라 전역에서 친숙한 새이다. 아버지의 고향은 함경남도 홍원군으로, 그곳은 집안의 집성촌이 있는 지역이었다. 서남쪽으로는 함흥, 동쪽으로는 신포, 동북쪽으로는 물장수로 유명했던 북청이 있는 곳이다. 남쪽으로는 동해 바다가 펼쳐져 있고, 북쪽으로는 우리나라에서 가장 깊고 험준한 산들이 많은 것으로 유명한 개마고원이 이어져 있다. 진돗개, 삽살개와 더불어 우리나라의 명견 중 하나로 꼽히는 풍산개의 고장인 풍산은 북청 위쪽에 있는데, 해발 2,000m가 넘는 산들이 즐비한 험준한 산악지대에 위치해 있고 아버지 고향과 비교적 가까운 곳이다.

실향민이어서 명절에도 고향에 갈 수 없었던 아버지는 고향의 명절 이야기를 가끔씩 해 주시곤 했다. 이북 지역에서도 평안도는 설에 꿩만두로 만둣국을 만들어 먹었다고들 하는데, 함경도의 아버지 고향 집에서는 기러기 고기를 넣어 만둣국을 만들어 먹었다고 한다. 물론 아버지 고향 동네에서도 꿩고기로 만두를 빚는 집도 있었다고는 한다.

우리나라 명절 음식들을 보면 지방마다 거기서 나는 특유의 식재료들로 만든다. 함경도는 험준한 산이 많은 고장이라 논밭에서 나는 곡식이 귀해 산과 들에서 나는 산물을 채집하거나 동물들을 사냥하는 것이 일찍부터 발달한 곳이었다. 그래서 함경도 음식에는 명태와 감자, 조밥과 돼지고기, 그리고 꿩이나 멧토끼 등을 사냥한 수렵육이 재료로 많이 쓰였다. 험한 산과 동해 바다가 모두 가까이 있던 아버지의 고향은 벼농사를 짓는 논은 많지 않아도 산은 물론 강과 바다에서 나는 다양한 산물이 있었다. 대표적인 함경도 음식에는 식해, 순대, 냉면 등이 있는데 아버지는 이런 음식들을 무척 잘 드시고 좋아하셨다.

'식해(食醢)'는 가자미나 명태 같은 생선에 조밥, 무, 고춧가루 등을 넣고 삭힌 젓갈 비슷한 발효 음식이다. 생각만 해도 침이 고일 만큼 새콤한 맛이 떠오르는데 약간의 단맛도 나고 젓갈에 비해 상큼한 맛이 있다. 짠맛이 덜한 만큼 오래 두고 먹기보다는 빨리 먹는 젓갈 같은 느낌으로, 밥반찬으로 주로 먹는다. 이와 달리 '식혜(食醯)'는 쌀밥에 엿기름을 넣고 발효시킨 달콤한 음료이다. 부산을 비롯한 경상도 지방에서는 단술이라고 부른다.

예전에는 본격적인 겨울이 오기 전에 집집마다 그해 겨울 동안 먹을 김장을 했다. 요즘도 김장을 하지만 겨울에 먹을 것이 귀했던 그 당시에는 김장하는 김치의 양이 지금과는 비교도 안 될 정도로 많아 이웃끼리 날을 정해 몇 가구가 함께 모여 공동으로 김장을 했다. 우리 집도 마찬가지였다. 어머니는 몇몇 이웃 아주머니들과 함께 배추를 절이고 김칫소를 만들어 무치고, 이웃의 아저씨들은 김장독을 씻어 준비하고는 김치를 넣은 다음 마당에 구덩이를 파서 독을 묻었다.

외항선을 타는 선원이었던 아버지도 마침 집에 계실 때 같이 김장을 도운 적이 있었는데, 싱싱한 명태를 준비해서는 김치 포기 중간에 끼워 넣으셨다. 명태를 김치 속에 재어 넣는 것은 명태식해를 만드는 것과 비슷한 방식이다. 어머니는 물론 주변 이웃들이 모두 부산이나 경상도 사람들이어서 이 모습을 대단히 낯설게 바라봤다. 함경도식 김치 문화를 접하게 되니 다들 신기하게 여긴 것이다. 아버지는 어딜 가나 좀 튀는 사람이었다. 함경도 출신이라 이웃들과는 다른 말투를 썼고, 눈이 크고 부리부리하게 생겨 이국적인 풍모를 지녔고, 외항선을 타는 선원이라 남다른 패션 감각도 있었다. 지금처럼 정보 교류가 발달하지 않아 주변에서는 약간의 문화 충격으로까지 받아들이는 사람들도 있었다.

큰기러기

몸길이 약 84~90cm 정도로 우리나라 전역에서 비교적 흔하게 관찰된다. 날 때 울음소리로 서로 소통하며 일정한 대형을 만들며 이동하는 것으로 유명하다. 몸 전체가 암갈색이나 몸 아랫면은 색이 연하다. 부리는 전체적으로 검은색인데 중간에서 끝부분에 이르는 부분이 노란색이다. 이마는 둥글고 부리는 다소 짧고 뭉툭한 편이다. 농경지, 해안, 간척지, 하천 부지 등 넓은 평원 지대에서 겨울을 보내며, 논에 떨어진 낟알이나 수초[5], 풀뿌리 등을 먹고 산다. 주로 관찰되는 시기는 9월 하순에서 이듬해 3월까지이며, 환경부 지정 멸종위기 야생생물 2급이다.

쇠기러기

몸길이 63~73cm로 몸 전체가 회갈색을 띠며 발은 적황색이다. 이마와 눈과 부리 사이가 흰색이어서 큰기러기와 쉽게 구별된다. 논과 밭, 해안, 간척지, 강 하구와 하천 부지 등 앞이 트인 광활한 지역에서 큰기러기와 함께 무리 지어 생활한다. 논의 낟알이나 벼 그루터기, 수초, 풀뿌리 등을 먹는다. 우리나라 전역에서 월동하며, 관찰되는 시기는 주로 9월 하순에서 이듬해 3월까지이다.

개리

몸길이 81~94cm로 기러기목에 속하며, 부리가 검고 길다. 다리는 주황색, 머리와 목 뒷부분은 흑갈색이고 등, 어깨, 허리는 회갈색이다. 가슴은 연한 황갈색이며 배는 흰색이다. 다 자라면 머리와 부리 사이 기부에 흰 띠가 생긴다. 기러기속 새들 중에서 부리와 목, 다리가 가장 길다. 논, 호수, 저습지[6], 해안, 간척지, 강 하구 등지에서 생활하며 수생식물이나 육상 식물의 줄기, 잎, 해초[7], 조개류 따위를 먹는다. 우리나라에서는 지역에 따라 나그네새이자 겨울철새이고 10월 초순에서 이듬해 4월 중순까지 관찰되며 천연기념물[8]이자 멸종위기 야생생물 2급이다.

1) 김해시 인터넷 홈페이지, '김해소개, 지명유래'

2) 래리스타·크리스토퍼 워터먼, 김영대·조일동 옮김, 2021, "미국 대중음악 민스트럴시부터 힙합까지, 200년의 연대기", 한울엠플러스

3) 서양에서는 회색기러기가 거위의 원종이고, 아시아에서는 개리가 거위의 원종이라고 보고 있다. 김남일·김대환·박운남·박지환·박현우·정진문·최순규, 2013, "형태로 찾아보는 우리 새 도감", 지성사

4) 셀마 라겔리프, 홍재웅 옮김, 2010, "닐스의 모험", 대교출판

5) 생태적 용어로 수생식물을 뜻하며 순우리말로는 물풀이라고 한다. 해초는 따로 구분하였다. 정수식물, 부엽식물, 부유식물, 침수식물로 나뉜다. 정수식물은 뿌리가 얕은 물이나 습한 땅의 땅속에 있고 줄기와 잎은 물 위에 솟아 있는 식물로 갈대, 부들 같은 것이 있다. 부엽식물은 뿌리와 줄기가 물속에 있고 잎이 물 밖으로 나와 있는 식물로 수련, 마름 등이 여기에 속한다. 부유식물은 바닥에 고착되어 있지 않고 물 위에 부유하는 식물로 개구리밥, 생이가래 같은 식물들이다. 침수식물은 뿌리, 줄기, 잎 전체가 물속에 있는 식물로 검정말, 나사말, 붕어마름 등이 있다.

6) 조류의 생태에서 서식지를 얘기할 때 쓰는 저지대의 물이 얕은 습지를 말한다. 갈대, 부들, 사초 같은 풀들이 무성히 자라고 주로 작은 관목들이 주변에 있다. 일반적인 용어인 습지에 비해 좁은 뜻이다.

7) 해초는 해조류와 구분하고 있다. 해초는 관다발이 있고 꽃도 피는 속씨식물로 우리나라에서는 잘피라고 부르는데 거머리말 등 9종이 있다. 해조류는 다시마, 파래, 김 같은 갈조류, 녹조류, 홍조류 등으로 계통분류학상 해초와 전혀 다르다.

8) 2021년 11월에 고시된 문화재청고시 제2021-141호, '문화재 지정(등록)번호 삭제 및 문화재명 표기 방식 변경 고시'에 따라 문화재와 천연기념물 등에 번호를 쓰지 않게 되었다. 현재는 문화재라는 말도 국가유산으로 바뀌었고 이에 따라 문화재청도 국가유산청으로 바뀌었다.

2. 우아한 아름다움이란 이런 것이다.
- 고니, 큰고니, 흑고니

　고니와 큰고니는 사람들에게 아주 친숙하고 인기 있는 새로, 우리나라 철새도래지의 강과 저수지 등에서 관찰된다. 특히 큰고니는 낙동강 하구 지역에서는 아주 대규모로 무리 지어 월동하는 것을 볼 수 있다. 고니는 큰고니들 틈에서 드물게 볼 수 있는데 야외에서 관찰하면 큰고니와 구분하기 쉽지 않다. 흔히 부르는 백조(白鳥)의 순우리말이 고니이며, 고니는 우리나라에서 겨울을 나는 기러기목의 철새이다. 가까이 가서 보면 아주 큰 새인 고니류는 어린 새일 때는 털 색깔이 회색빛을 띠다가 다 자라면 완전히 흰색의 아름다운 새가 된다.
　유럽에서 공원 연못이나 하천과 호수에서 많이 볼 수 있는 '백조'는 흑고니인데 주황색 부리의 윗부분인 기부에 있는 검은색의 혹 때문에 그렇게 부른다. 흑고니는 우리나라에서는 드물게 볼 수 있는 겨울철새다. 여러 동화책에 나오는 삽화를 보면 백조라고 그려 놓은 것이 확실히 이 흑고니라는 것을 알 수 있다. 이렇게 된 데에는 주로 유럽의 동화나 그림을 그대로 쓴 것이 이유라고 볼 수 있다. 우리나라에서 흑고니는 바이칼이나 몽골에서 번식하고 우리나라에 와서 월동하는 희귀한 겨울철새인 데 반해 유럽의 흑고니는 대부분 거의 텃새화되어 흔하게 볼 수 있다. 참고로 온몸이 검은색이고 부리는 빨간색인, 흑조

(黑鳥)로 불리는 '흑고니'는 남반구인 오스트레일리아에 사는 텃새이다. 우리나라를 비롯한 북반구에서는 야생에 존재하지 않으며 동물원 등에서 사육하는 개체만 볼 수 있다.

백조라는 이름은 차이콥스키의 발레곡 '백조의 호수'와 안데르센의 동화 '백조 왕자', '미운 오리 새끼' 같은 작품을 통해 우리에게 친숙해졌다.

독일의 전설을 바탕으로 하는 '백조의 호수'는 러시아 작곡가 차이콥스키의 발레 모음곡으로 1877년 3월 모스크바에서 초연되었다. 완성 뒤 얼마 지나지 않아 인기가 높아졌지만 애초에 대중들의 반응은 썩 좋지 않았다. 이유는 역설적이게도 '너무 훌륭한' 발레 음악이었기 때문이라고 한다. 당시에 발레 음악은 분위기만 조성하는 것이지 극을 방해하지 않아야 한다는 생각이 있었기 때문이다.[1]

'백조 왕자'는 덴마크의 민담을 바탕으로 한 작품이다. 공주인 엘리자에게는 11명의 오빠가 있었는데 어머니 왕비가 죽자 사악한 마녀가 계모로 들어와 오빠들에게 저주를 내려 백조로 변하게 한다. 엘리자는 갖은 고난을 겪으면서도 쐐기풀로 옷을 지어 마침내 오빠들의 저주를 풀어 준다.

부산의 낙동강 하구에 있는 섬 을숙도(乙淑島)는 '새 을(乙)' 자에 '맑을 숙(淑)' 자를 쓴다. 말 그대로 새가 많고 물이 맑은 섬이라는 뜻이다. 을숙도는 한때 동양 최대의 철새도래지로 불렸으며 섬 전체가 천연기념물이다.

을숙도에는 탐방객들이 철새를 가까이에서 관찰하기 좋게 만들어진 탐조대가 있다. 겨울철에 탐조대에서 보면 큰고니의 무리를 쉽게 관찰할 수 있는데, 사람의 모습이 보이면 일정한 거리 밖으로 무리 전체가 움직이는 것을 볼 수 있다. 다가가면 멀어지고 물러서면 다시 강변 쪽으로 조금 다가와서 먹이 활동을 하곤 한다. 새들에게는 그들이 생각하는 일정한 안전거리가 있는 것이다. 아마도 대부분의 야생동물은 그럴 것이다. 나도 어쩌면 새 같은 인간인지도 모르겠다. 나 역시 사람들 사이에서 일정한 거리를 유지하는 것을 좋아하기 때문이다. 특히나 처음 만나는 사람이 갑자기 훅 다가오는 것을 불편하게 여겨서 그럴 때면 한 발짝 뒤로 물러서게 된다. 그것이 물리적 거리이든 정서적 거리이든 마찬가지로….

맑은 날 낙동강 하구에서 큰고니들을 보면 눈부실 정도로 하얀 새가 파랗게 맑은 물에서 천천히 움직인다. 아직 다 크지 않은 어린새는 회색빛을 띠지만 성조들은 아주 하얗다. 희고 커다란 날개와 긴 목을 조심스럽고 부드럽게 움직이는 모습을 보면 왜 많은 이야기나 동화들에서 이 새들을 그토록 우아하고 아름답게 묘사했는지 알 수 있다.

고니

몸길이 약 120cm. 부리는 끝이 검은색이고 머리 쪽 윗부분은 노란색을 띤다. 호수, 강 하구, 해안, 습지, 농경지, 간척지 등에서 생활하고 깊지 않은 물가에서 자맥질을 하며 수생식물의 잎, 줄기, 뿌리 등을 주로 먹는다. 낙동강 하구 등에서는 지자체에서 보호를 목적으로 자른 고구마 등을 서식지에 뿌려주어 먹이 활동을 돕기도 한다. 천연기념물이며 멸종위기 야생생물 1급이다. 우리나라에는 10월에서 이듬해 3월까지 머무른다.

큰고니

몸길이 140cm로 고니보다 조금 더 크다. 부리의 노란색 부분이 고니보다 더 넓고 부리 앞쪽 검은 부분까지 길게 돌출되어 보인다. 저수지, 논, 강 하구, 해안, 저습지, 간척지 등에서 생활하며 수생식물의 뿌리, 줄기, 곡식 낟알 같은 떨어진 식물 열매, 해초, 작은 어류 등을 먹는다. 천연기념물이며 멸종위기 야생생물 2급이다. 우리나라에는 10월에서 이듬해 3월까지 머무른다.

혹고니

몸길이 152cm 정도. 부리의 윗부분에 검은색 큰 혹이 있고 부리 나머지 부분은 적황색을 띤다. 저수지, 강 하구, 해안 등지에서 생활하며 수생 식물의 뿌리와 줄기 등을 먹는다. 국내에서는 11월 초순에서 3월 하순까지 관찰되며 매우 적은 수가 월동한다. 천연기념물이며 멸종위기 야생생물 1급이다.

※ **멸종위기 야생생물**

멸종위기 야생생물이란, 야생생물 보호 및 관리에 관한 법률에 따라 야생생물을 효과적으로 보호하기 위하여 환경부가 지정 보호하는 생물들을 말한다. 멸종위기 야생생물은 자연적 또는 인위적 위협요인으로 인하여 개체수가 현격히 감소하거나 소수만 남아 있어 가까운 장래에 절멸될 위기에 처해 있는 야생생물을 말하며, 법으로 지정하여 보호·관리하는 법정보호종으로, 현재 멸종위기 야생생물 1급과 멸종위기 야생생물 2급으로 나누어 지정 관리하고 있다.

🐦 **멸종위기 야생생물 1급**
자연적 또는 인위적 위협요인으로 개체수가 크게 줄어들어 멸종위기에 처한 야생생물로서 대통령령으로 정하는 기준에 해당하는 종

🐦 **멸종위기 야생생물 2급**
자연적 또는 인위적 위협요인으로 개체수가 크게 줄어들고 있어 현재의 위협요인이 제거되거나 완화되지 아니할 경우 가까운 장래에 멸종위기에 처할 우려가 있는 야생생물로서 대통령령으로 정하는 기준에 해당하는 종

1) 정준호, 2021, "차이콥스키, 세계인의 마음을 움직인 볼가강의 영혼", 아르떼

3. 우리에게 친숙한 물갈퀴들
- 흰뺨검둥오리, 청둥오리, 고방오리, 쇠오리, 흰죽지

연못이나 호수가 있는 공원이나 강변, 물가의 산책로 주변에서는 오리들을 볼 수 있다. 햇살을 받으며 물 위에서 헤엄치는 무리도 있고, 물가 주변에서 날개깃을 다듬으며 쉬고 있는 녀석들도 볼 수 있다. 오리는 앞서 살펴보았던 기러기 같은 새들에 비해 체구가 훨씬 작고 날개도 짧다. 그래서 날아갈 때는 날갯짓을 아주 빠르게 하는 모습으로 보인다.

그중에서도 가장 흔히 볼 수 있는 것은 아마 흰뺨검둥오리와 청둥오리일 것이다. 흰뺨검둥오리는 겨울에 많이 보이는데 일부 개체들이 번식도 하고 있어 우리나라에서 일 년 내내 관찰이 가능하다. 철새도래지인 낙동강 하구나 천수만, 주남저수지 등은 물론 서울 한강을 비롯한 도심의 크고 작은 하천, 호수와 연못 등 전국에서 흔하게 볼 수 있다.

청둥오리는 차를 타고 교외로 나가면 쉽게 볼 수 있는 이름이기도 하다. 오리탕을 파는 식당에서 '청둥오리구이', '청둥오리탕' 같은 메뉴가 간판에 쓰인 것을 종종 볼 수 있다. 물론 이러한 음식점에서 쓰는 청둥오리는 가금류로 사육되어 유통되는 것이다. 철새인 야생의 청둥오리를 잡는 것은 법으로 금지되어 있다.

청둥오리는 세계적으로도 가장 흔한 야생 오리 중 하나이다. 청둥오리 중에서 수컷은 머리에서 목 부분까지가 금속광택 같은 초록빛으로 구별이 쉬워 사람들이 가장 많이 알고 있는 철새 중 하나일 것이다. 하지만 청둥오리 암컷은 흰뺨검둥오리와 구분하기가 쉽지 않아 보인다. 가까이 다가가서 보아도 구분이 힘들 정도여서 흰뺨검둥오리 암컷과 청둥오리 암컷이 섞여 있으면 일반인의 눈으로는 거의 식별이 불가능할 것 같다.

겨울철 물가에서 흔히 관찰할 수 있는 오리 중에는 고방오리, 쇠오리, 흰죽지도 있다. 고방오리는 꼬리가 아주 길어 몸길이 전체는 길지만 몸통 자체는 작은 편이다. 쇠오리는 수컷의 머리 부분이 적갈색이고 눈과 귀 주변은 짙은 녹색이어서 원앙으로 잘못 아는 경우도 많다. 흰죽지는 몸통과 날개 쪽이 밝은 회색에 흰색이 섞여 있다. 멀리서 보면 머리와 목이 진한 붉은 갈색인 점이 구분의 포인트이다.

어렸을 때는 도심의 하천이나 시골의 연못 같은 데서 집오리들을 볼 수 있었다. 낮에는 물 위에 떠 있다가 머리를 물속에 넣고 자맥질하며 무언가를 먹곤 했다. 그런데 이 오리들이 밤에는 어디에서 쉬는 걸까 궁금했던 적이 있다. 그러다가 중학교 때인가, 저녁 무렵 어느 하천변을 걷다가 궁금증이 풀렸다. 그곳에는 작은 선착장처럼 나무 기둥을 세워 만든 구조물이 있었는데 그 아래에 나무로 만든 조그만 닭장 같은 집이 있었다. 해가 저물어 가자, 물 위에 있던 오리들이 땅으로 올라와 깃을 다듬고 그 안에 들어가 옹기종기 모여 쉬는 것이 아닌가! 오리 주인이 와서 몰아넣지 않아도 저녁이 되면 알아서 집으로 들어가는 것이 신기해 보였다.

오리류는 우리에게 가장 친숙한 물새로, 물 위에 떠서 무리 지어 있는 모습을 흔히 볼 수 있다. 넓적한 부리와 물갈퀴, 즉 발가락 사이에 있는 얇은 막을 지닌 것이 특징이다. 사람들이 수영이나 잠수를 할 때 추진력을 높이려 발에 끼워 쓰는 보조기구를 우리말로는 보통 오리발이라고 하는데, 모양이 오리의 물갈퀴처럼 보여서 그럴 것이다. 영어로는 'swim fins'라고 하므로 지느러미라고 부르는 것인데 보는 관점에서 문화적 차이가 있어 보인다.

흰뺨검둥오리

몸길이 52~62cm. 전체적으로 회색빛을 띠는 어두운 갈색이며, 머리와 뺨, 앉았을 때의 날개 끝부분만 흰색으로 보인다. 다리는 노란색이고, 부리는 검은색인데 끝부분만 노랗다. 둘째날개깃의 광택깃은 푸른색이다. 호수, 하천, 간척지, 저습지, 강 하구, 해안, 연못 등지에서 산다. 각종 식물과 작은 동물들을 먹으며 겨울에는 논에 떨어진 낟알이나 얕은 물에서 수초 등을 먹는다. 겨울철새였으나 요즘은 전국에서 번식하는 텃새화되어 일 년 내내 관찰할 수 있다.

청둥오리

몸길이 52~60cm. 수컷의 머리가 광택 있는 짙은 녹색이어서 다른 종과 쉽게 구분된다. 목에는 흰 띠가 둘려 있다. 부리는 노란색이며 가슴은 짙은 밤색이다. 암컷은 몸 전체가 어두운 회갈색이고, 부리는 오렌지색에 검은 무늬가 있다. 연못, 호수, 하천, 저습지, 간척지, 해안 등지에서 생활하며 각종 식물과 작은 동물들을 먹고 산다. 겨울에는 주로 논의 낟알이나 얕은 물의 물풀 등을 먹는다. 우리나라 전역에서 흔히 관찰되는 겨울철새로, 9월부터 이듬해 4월까지 머문다.

고방오리

몸길이가 수컷은 64~75cm, 암컷은 52~57cm 정도이나 꼬리깃이 길어 전체 몸길이가 길게 측정된 것이지 실제 덩치는 다른 오리들에 비해 크지 않다. 수컷의 겨울깃[1]은 얼굴 쪽이 갈색, 목 앞쪽은 흰색이며 꼬리 아래쪽을 덮는 깃은 검은색을 띤다. 수컷의 목 옆 흰색 선은 뒷머리 쪽으로 길게 이어져 있고 꼬리의 가운데 깃은 길고 뾰족하게 나와 있다. 암컷은 전체적으로 다갈색으로 서식지 주변과 동화되어 눈에 잘 띄지 않는 색을 이룬다. 해안, 하천, 호수, 저습지, 간척지 등에서 생활하며 떨어진 낟알이나 수초, 곤충, 작은 동물 등을 먹는다. 우리나라 전역에서 흔하게 관찰되며 10월에 도래하여 이듬해 4월까지 머문다.

쇠오리

몸길이 35~37cm 정도의 소형 오리로 우리나라를 찾는 오리 중 가장 작다. 암수가 전체적으로 회갈색이며 수컷의 머리는 적갈색이고 눈과 귀 주변에는 짙은 녹색 무늬가 있다. 암컷은 부리가 검은색 또는 검은색 바탕에 윗부분은 조금 옅은 색이며 작고 검은 반점이 있다. 호수, 저습지, 하천과 간척지, 해안, 연못 등지에서 생활하며 각종 식물 열매나 잎, 물속의 작은 동물들을 먹고 산다. 우리나라 전역에서 쉽게 관찰할 수 있고 9월에 도래하여 이듬해 4월까지 볼 수 있다.

흰죽지

몸길이 45cm 정도. 수컷의 겨울깃은 머리와 목이 진한 붉은 갈색이고 가슴은 검은색이며 날개는 회백색이다. 배와 옆구리에 미세한 검은 가로줄이 촘촘하게 있다. 부리는 윗부리 등이 오목하고 검은색인데 가운데 부분만 회색이다. 눈의 홍채는 붉은색이다. 암컷은 전체적으로 회갈색이며 홍채는 갈색, 눈테는 흰색이며 눈 아래에 흰 얼룩이 있고 뒤쪽으로는 흐린 흰색 줄무늬가 있다. 머리에서 목까지 옅은 갈색이며 가슴은 어두운 갈색이다. 연못, 하천, 강 하구 등지에서 생활하며 식물의 줄기와 뿌리, 수초, 벼과 식물의 열매, 갑각류 등을 먹는다. 전국에서 볼 수 있는 흔한 겨울철새이며 한강, 낙동강 하구, 순천만의 수심이 깊은 곳에서 큰 무리를 이루어 관찰된다. 10월에 우리나라를 찾아 이듬해 3월까지 주로 볼 수 있다.

1) 번식이 끝나고 가을철 털갈이 후에 새로 난 깃. 비번식기의 깃으로 특별한 때인 번식깃 즉 여름깃에 비해 일반적이므로 형태 설명에서는 주로 겨울깃을 설명하는 편이다.

4. 오리들과는 구별해 주세요.
- 논병아리, 뿔논병아리, 물닭, 쇠물닭

오리 외에도 우리나라의 강과 습지에서 관찰하기 쉬운 새들로는 논병아리와 뿔논병아리가 있다. 앞서 살펴보았던 흰뺨검둥오리, 청둥오리나 쇠오리 같은 오리들은 수면성 조류라고 한다. 이 새들은 먹이 활동을 할 때 머리를 물속으로 잠깐씩 넣어 먹을 것을 찾는다. 엉덩이와 꼬리 부분만 하늘을 향해 들려 물 밖으로 둥글게 솟아올라 귀엽게 보인다. 반면 논병아리 같은 새들은 잠수성 조류라고 한다. 형태적으로는 발이 상당히 몸통 뒤쪽에 있으며 상대적으로 오랜 시간 동안(약 10초 이상) 물속으로 몸 전체가 잠수하여 물고기나 수생 곤충 등을 잡는 먹이 활동을 한다. 겨울에 물이 맑은 바다에서 뿔논병아리가 잠수해서 움직이는 모습을 본 적이 있다. 마치 잠수함이나 어뢰처럼 한참을 물속에서 잠영하는 모습을 훤히 볼 수 있었고, 처음 잠수한 지점에서 한참이나 떨어진 곳에서 떠올랐다.

논병아리류의 새들은 강이나 저수지 등에서 흔히 볼 수 있었으나 최근 수변 공간들이 사람들의 생태공원과 편의 시설, 각종 운동 시설 등으로 개발됨에 따라 서식 공간을 잃어 가며 그 수가 줄어들고 있다. 이 새들은 부들이나 갈대 같은 물가 풀들이 자라는 곳의 얕은 물 위에 식물의 잎과 줄기로 둥지를 만든다. 둥지는 볼록하게 솟아 있으면서 가운데는 오목한 모양이다. 새끼는 알에서 깨자마자 헤엄을 치는데 안전하게 어미가 등에 태우고 다니는 경우도 많다. 이런 번식 특성 때문에 이 새들은 물가 식물이 많은 곳에서 은신하며 산다. 사람들이 깨끗하게 청소하거나 정비한다는 명목으로 물가 식물들을 베어 없애 버리거나 콘크리트 또는 조경석으로 직강화[1] 작업을 하면 얕은 물이 사라지고 물가 식물도 없어져서 이들의 삶의 터전을 빼앗아 버리게 되는 것이다.

환경 변화에 민감한 논병아리나 뿔논병아리와는 달리 사람들이 만든 인위적인 공간에 제법 잘 적응하며 사는 새가 있는데 물닭이 바로 그 주인공이다. 요즘에는 강이나 연못, 저수지는 물론 바닷가에서도 물닭을 보는 일이 흔해졌다. 물닭은 검은색 몸통에 하얀색의 부리가 특징적인데 "저 까맣게 생긴 오리는 뭐예요?"라고 묻는 아이들의 질문에 제대로 답해주는 어른들은 드문 것 같다. 물닭은 예전에는 그리 많이 보이지 않았는데 근래에는 우리나라에서 흔히 관찰되고 있다. 왜 그런지 조사가 필요해 보이는데 인간들과 함께 사는 것에 잘 적응한 것으로 보인다. 물닭은 농경지 부근의 저수지나 습지, 생태공원의 연못 같은 곳에서도 다른 조류들 틈에서 잘 살아가는 모습을 볼 수 있다.

물닭은 유럽과 아시아에 널리 퍼져 있어서, 여행을 가보면 유럽의 하천이나 연못 같은 데서도 흔히 볼 수 있다. 우리나라에서 보는 물닭은 유라시아물닭(영어 이름은 Eurasian Coot, 학명은 *Fulica atra*)이라 불리는 종이어서 유럽이나 아시아에서 보이는 개체들과 동일한

종이다. 특히 유럽에서는 흔한 텃새여서 1년 내내 볼 수 있다. 우리나라에서는 물닭을 겨울에 많이 볼 수 있고 여름에는 쇠물닭을 볼 수 있다.

쇠물닭은 요즘은 아주 보기 힘들어진 뜸부기와 비슷하게 생겨서 사람들이 혼동하곤 했었다. 쇠물닭과 뜸부기는 같은 뜸부기과이며 생김새도 비슷하다. 물닭은 주로 물에 떠 있는 형태로 생활하는 편이고, 쇠물닭은 긴 다리와 긴 발가락으로 얕은 물가 식물 사이를 성큼성큼 걸어 다니는 모습이다.

물닭의 큰 특징 중 하나는 발 모양이다. 물갈퀴처럼 발가락 전체가 연결되지 않고 각각의 발가락에 독립된 막이 있는 발인 판족(瓣足)[2] 이라는 재미있는 모양이어서 물가 수초 사이도 잘 걸어 다니고 헤엄도 잘 친다. 반면 쇠물닭은 판족이 아니고 발가락이 긴 발로 헤엄도 치지만 주로 수생식물이 우거진 얕은 물이나 물가 수풀 사이를 걸어 다니기 좋은 구조의 발이다.

논병아리

몸길이 25cm 정도. 암수의 깃털 색이 비슷하며 머리와 부리가 만나는 지점에 흰색 점 같은 무늬가 있는 것이 특징이다. 몸은 둥근 모양에 날개가 짧고 특히 꼬리가 짧다. 물풀이 많은 호수나 강, 작은 웅덩이 등에서 생활하고 주로 물고기를 잡아먹는다. 과거에는 흔한 겨울철새였으나 요즘은 전국 각지에서 번식이 확인되어 일 년 내내 관찰이 가능하다.

뿔논병아리

몸길이 55cm로 암수의 색과 모양이 비슷하여 야외 관찰에서 구별이 어렵다. 긴 목과 머리에 검은색의 뿔처럼 생긴 깃이 특징이다. 여름에는 이 뿔 같은 깃이 더 길다. 그리고 머리 바로 아래와 뒤쪽이 적갈색이며 머리와 목의 경계는 검은색이다. 부리는 검은색을 띤 분홍색이다. 겨울에는 얼굴과 목 앞부분이 흰색이고 부리는 분홍색이다. 강 하구나 큰 호수, 저수지 등지에서 생활하며 물고기를 주로 먹고 산다. 우리나라 전역의 수심이 깊은 습지에서 흔히 관찰된다. 전국에서 볼 수 있는 흔한 겨울철새인데 최근에는 논병아리와 마찬가지로 전국 각지에서 번식이 확인되고 있다.

물닭

몸길이 약 40cm로 암수 모두 전체적으로 검은색이다. 눈은 붉은 갈색, 이마와 부리는 흰색이다. 전체적으로 통통한 모습이어서 닭과 비슷하다 하여 물닭이라고 이름 붙여졌으나 닭과는 전혀 다른 계통의 새다. 물위로 헤엄치고 물풀과 물가 식물 사이로 걸어 다니며 먹이 활동을 한다. 갈대나 부들 같은 풀이 우거진 저수지, 호수, 하천 등에서 흔히 볼 수 있고 심지어 바닷가에서도 많이 관찰된다. 곤충, 작은 물고기, 식물 줄기 등을 먹고 산다. 우리나라 전역에서 흔히 관찰되며 겨울에 오리 무리와 섞여 월동하는 예가 많다. 과거에는 흔한 나그네새 또는 겨울철새였는데, 최근에는 일부 개체가 번식도 하여 일 년 내내 볼 수 있다.

쇠물닭

몸길이 약 30cm 정도로 물닭보다 조금 작다. 전체적으로 검은색이고 앞이마와 부리는 붉은색을 띠며 부리 끝 옆은 노란색이다. 옆구리 양쪽에는 흰색 점이 있고 꼬리 아래쪽 깃과 허리 양쪽에는 흰색 띠가 있다. 각종 수생식물이 무성한 연못과 호수, 하천 갈대숲 주변에서 생활하며 물풀, 작은 곤충, 씨앗 등을 먹고 산다. 전국에서 번식하는 흔한 여름철새로 보통 4월 중순에서 10월 하순까지 볼 수 있다. 적은 수는 우리나라 중·남부 지역에서 월동까지 한다.

1) 하천을 인위적으로 곧게 만드는 일이다. 주로 콘크리트를 이용해 구불구불한 강의 모양을 일직선으로 바꾼다. 물이 흐르는 양을 늘려 농업용수, 산업용수로 개발하거나 강 주위를 개발하기 위한 경제적 목적으로 이루어졌다. 요즘은 그나마 콘크리트 대신 조경석을 이용하는 것 같은 방법으로 생태적인 형태를 취하기는 하나 유속이 빨라져 홍수에 취약해지는 문제도 있고 생태계를 파괴하는 문제가 있다.

2) 논병아리과 새들(논병아리, 뿔논병아리 등)의 발도 판족으로 되어 있다.

5. 우리 문화와 친숙한 새들과 특이한 부리의 저어새류
- 뜸부기, 황새, 두루미, 재두루미,
노랑부리저어새, 저어새

"뜸북뜸북 뜸북새 논에서 울고~~"라는 가사의 동요[1]에도 나오는 뜸부기는 5월에 우리나라를 찾아와 10월까지 머무는 여름철새이다. 그런데 1980년대 이후 이미 우리 주변에서 거의 찾아보기 힘든 새가 되었다. 어머니께서 어렸을 때는 집 근처 논에서도 흔히 보던 새라고 하셨는데 그 이후로 급속히 보기 힘들어진 것이다. 그래서 나도 동요에 나오는 '뜸북뜸북' 하는 그 울음소리를 실제로는 한 번도 들어 본 적이 없다. 한때는 뜸부기가 몸보신에 좋다고 헛소문이 나서 뜸부기는 물론이고 같은 뜸부기과인 쇠물닭까지 사람들에게 많이 희생된 적이 있다.[2]

어머니는 어렸을 때 황새도 심심찮게 보셨다고 한다. 집 근처의 아주 큰 소나무 위나 높은 전봇대 위에 둥지를 틀고 살았단다. 아마도 황새는 우리나라 어디서나 흔하게 볼 수 있던 텃새였을 것이다. 황새도 뜸부기와 마찬가지로 집 근처 논이나 시냇가에서 미꾸라지나 개구리를 잡아먹던 텃새였으나 지금은 아주 희귀한 철새가 되었다.

시골에서 예전에는 황새와 학, 즉 두루미를 흔히 혼동했던 것으로 보인다. 습지에 사는 하얀 색 대형 조류라는 것은 공통점인데 황새는 친숙한 텃새였고 두루미는 고고한 이미지의 겨울철새이다. 황새는 어원이 '크다'는 의미의 '한'에 새가 붙은 것으로 커다란 물새를 통칭하는 일종의 대명사였던 것 같다.

어머니는 두루미도 예전에는 겨울에 강가의 얕은 습지나 추수를 끝낸 논에서 볼 수 있었다고 하셨으나 지금은 극히 보기 힘든 새가 되었다. 두루미는 새 중에서 수명이 긴 편으로 십장생 중의 하나이다. 야생에서는 30~50년 정도 사는 것으로 보고 있고 동물원 등에서 인공 사육되는 개체는 80년 이상 산 기록도 있다고 한다. 두루미는 동양 문화권에서 대부분 길조로 여겨 사람들이 좋아하는 대형 조류다. 우리나라 전래 동화와 속담, 전설 등의 이야기는 물론 조선 시대 관복의 흉배 문양에도 등장하고, 500원짜리 동전의 앞면에도 새겨져 있다. 전국의 수많은 노인정에서 할아버지 할머니들이 즐기는 놀이인 화투의 솔광에도 두루미가 있다. 그만큼 우리나라 사람들의 문화 속에 깊게 자리 잡은 친숙한 새다. 하지만 지금은 우리나라 중부(철원, 연천 등인데 겨울에 무척 춥고 눈이 많은 곳들이다.)의 농경지나 갯벌, 강 하구 등에서 드물게 볼 수 있다.

두루미의 사촌 격인 재두루미는 조금 더 많이 볼 수 있다. 재두루미는 남부와 중부의 농경지와 강 하구, 습지, 갯벌 같은 곳에서 관찰할 수 있다. 특히 겨울에 경남 창원의 주남저수지 인근 농경지에서 무리 지어 있는 모습을 관찰하기 좋다. 겨울철의 주남저수지는 낙동강 하구 을숙도와 더불어 국내 최대의 철새도래지로 알려진 곳이다. 추수를 끝낸 농경지를 둘러보면 재두루미뿐 아니라 큰기러기나 쇠기러기 무리도 볼 수 있다. 농로 주변에는 멧비둘기와 방울새도 자주 보인다.

멸종위기종이지만 그래도 강이나 습지에서 드물게라도 볼 수 있는 새들 중에는 부리가 재미있게 생긴 저어새와 노랑부리저어새가 있다. 특히 저어새는 노랑부리저어새 무리 속에서 아주 드물게 발견할 수 있다. 이들은 얕은 물에서 넓적한 부리를 휘저어가며 먹이 활동을 한다고 해서 저어새라는 이름이 붙었다.

저어새류는 부리가 주걱이나 숟가락처럼 생겼다. 그래서 영어로는 'spoonbill'이라고 한다. 'spoon=숟가락', 'bill=부리', 즉 '숟가락부리새'인 것이다. 저어새는 점점 도태되어 사라져 가는 새 중의 하나인데 그 이유는 먹이를 찾는 방법 때문이라고 보고 있다. 왜가리나 백로처럼 인간이 사는 곳 주변에서 잘 적응해 살아가는 새들은 얕은 물에서 가만히 움직이지 않고 있다가 먹잇감을 발견하면 긴 목을 장전했다가 쏘듯이 순식간에 먹이를 낚아챈다. 반면에 저어새는 얕은 물에서 부리를 끊임없이 휘젓다가 먹잇감이 걸리면 잡아먹는 식의 먹이 활동을 한다. 이것이 먹이가 풍부했던 과거에는 문제가 되지 않았지만 인간의 자연 훼손으로 인해 먹이 찾기가 쉽지 않아진 근래에는 요즘 말로 너무나 가성비가 떨어지는 행동인 것이다. 이렇다 보니 소모하는 에너지에 비해 챙기는 먹이는 적어 비슷한 서식지와 먹이를 공유하는 다른 조류(왜가리나 백로)에 비해 당연히 경쟁에서 밀리게 되어 도태되고 있는 것이다.

뜸부기

몸길이 33~38cm 정도로 호수, 논, 저수지나 개울 등의 습지에 산다. 작은 물고기나 곤충, 지렁이, 곡식과 식물의 씨앗 등을 먹고 살며 우리나라에는 여름에 찾아오는 철새이다. 수컷의 번식깃은 전체적으로 검은색을 띠고 날개에는 갈색 얼룩무늬가 있다. 부리는 노란색이며 기부에서 머리 꼭대기까지 선홍색 이마판이 있다. 암컷은 전체적으로 황갈색 바탕에 회갈색 얼룩무늬가 있고 다리는 연한 녹색이다. 국제적으로는 멸종위기종이라고 할 수 없지만 우리나라에서는 대단히 보기 힘든 새가 되었다. 6~8월에 짝짓기를 하며 습지 주변이나 얕은 물 위에 식물의 줄기를 엮어 접시처럼 생긴 둥지를 짓는다. 천연기념물이자 멸종위기 야생생물 2급이다.

황새

몸길이 112cm, 날개편길이는 200cm이다. 두껍고 긴 부리를 가진 큰 새로 온몸이 흰색이고 부리와 날개 가장자리는 검은색이다. 눈 주위와 다리는 붉은색을 띤다. 예전에는 우리나라 전역에서 쉽게 볼 수 있는 텃새였다. 야생의 마지막 번식 개체 한 쌍 중 수컷은 1971년에 밀렵으로 희생되고, 암컷은 1994년 서울대공원에서 수명이 다해 죽음으로써 우리나라 텃새 황새는 멸종되었다. 근래에는 매우 드문 겨울철새이자 나그네새로, 한반도 통과 시기나 겨울에 아주 적은 무리만이 관찰된다. 논과 강, 연못, 호수 부근에 살며 작은 포유류나 조류, 어류, 곤충 등을 잡아먹는데 미꾸라지 같은 민물고기와 개구리를 특히 잘 먹는다. 천연기념물이며 멸종위기 야생생물 1급이다.

두루미

몸길이 135~153cm. 전체적으로 흰색을 띠며 머리 부분은 빨갛고 목 부분은 검은색이다. 둘째, 셋째 날개깃도 검은색이다. 학(鶴)이라고도 부르고, 머리 부분이 붉다 하여 단정학(丹頂鶴)이라고도 부른다. 북한에서는 흰두루미라고 부른다. 농경지와 강 하구 등에 사는데 우리나라에서는 철원, 연천, 파주 등 일부 지역에서만 관찰되는 귀한 겨울철새이다. 먹이로는 물고기와 개구리, 곤충, 쥐, 곡식 낟알과 풀씨 등을 먹는다. 일부일처로 생활하는데 구애할 때 수컷과 암컷이 마주 울며 머리를 치켜들고 하는 자기 과시 행동을 사람들이 '학춤'이라고 불렀다. 부산의 전통 무형유산[3] 중의 하나인 '동래학춤'도 이 행동 모습을 본떠 만든 것이다. 천연기념물이며 멸종위기 야생생물 1급이다.

재두루미

몸길이 115~125cm. 머리와 목 뒤쪽은 흰색이며 몸은 앞쪽이 회색이고 뒤쪽으로 갈수록 옅어진다. 눈 주위는 붉은색 피부가 드러나 있다. 비행할 때 보이는 날개깃은 검게 보인다. 강 하구와 하천, 갯벌, 저습지, 추수가 끝난 농경지 등지에서 생활하며 낟알과 갯지렁이, 식물 뿌리 등을 먹는다. 10월에서 이듬해 3월까지 주로 관찰되며 천연기념물이자 멸종위기 야생생물 2급이다.

노랑부리저어새

몸길이 86cm 정도. 수컷은 겨울깃이 흰색이고 번식기에는 목 아랫부분에 노란빛이 도는 갈색 목테가 생긴다. 눈언저리와 턱밑, 부리 아래 멱 중간에는 피부가 드러나 있다. 여름에는 뒷머리에 길게 노란 장식깃이 나며, 암컷은 이 장식깃이 없다. 부리는 끝이 노랗고 넓적한 주걱 모양이다. 습지, 하천, 갯벌, 해안가 등지에서 생활한다. 물고기, 개구리, 조개류와 연체동물, 곤충, 습지식물과 그 열매 등을 먹는다. 우리나라를 찾는 수는 대단히 적은 편으로 낙동강, 천수만, 제주도, 주남저수지, 해남 등지의 주로 수심이 얕은 곳에서 관찰된다. 10월 중순에서 이듬해 3월까지 볼 수 있으며 천연기념물이자 멸종위기 야생생물 2급이다.

저어새

몸길이 60~78cm. 몸 전체는 흰색이고 얼굴, 부리, 다리는 검은색이다. 부리 끝은 넓적한 주걱 모양이다. 번식기에는 암수 모두 뒷머리에 연한 노란색을 띤 장식깃이 발달하며 앞가슴에 노란색 넓은 띠가 생긴다. 어린 새는 부리 색이 연하고 날개 끝이 검다. 부리를 좌우로 휘저으며 먹이 활동을 한다. 부리의 검은색이 눈 주위까지 넓게 있어 노랑부리저어새와 구별된다. 작은 물고기와 양서류, 갑각류, 수생식물의 줄기와 뿌리를 먹으며 해안가, 갯벌, 수심이 얕은 물가와 갈대밭 등지에서 생활한다. 국내에는 노랑부리저어새 무리 속에서 드물게 관찰된다. 한반도 서해안의 무인도에서 일부는 번식한다. 천연기념물이며 멸종위기 야생생물 1급이다.

1) 옛 동요, '오빠 생각'으로 최순애 작사, 박태준 작곡, 1925년 아동 잡지 "어린이"에 실린 동시가 원작이다. 노래 1절 가사에 '뜸부기는 논에서 울고 뻐꾸기는 숲에서 운다'라고 나오고 2절 가사에는 '기러기는 북에서 온다'라고 나온다. 이는 노래를 만든 사람이 뜸부기는 논과 같은 습지에 사는 새이고 뻐꾸기는 숲에 사는 새, 그리고 기러기는 철새라는 사실을 잘 이해하고 있다는 것을 보여준다.

2) 이우신, 조성원·최종인 사진, 2021, "한국의 새 생태와 문화", 지오북(GEOBOOK)

3) 2024년 5월 '국가유산기본법'이 시행되면서 과거 '문화재'라고 부르던 것이 이제는 '국가유산'으로 명칭이 바뀌었다. 그리고 국가유산을 문화유산, 자연유산, 무형유산으로 나누어 유네스코 체계로 개편했다. 그래서 '무형문화재'라고 쓰던 것을 '무형유산'이라고 쓰고 있다. 국가유산청 인터넷 홈페이지 참조

6. 매서운 물가의 사냥꾼들
- 왜가리, 쇠백로, 중대백로, 해오라기

　강 하구는 큰 무리를 이루고 있는 철새들을 관찰하기 좋은 곳이다. 풀이 무성하고 나뭇잎이 우거져 장애물이 많은 여름보다는 철새들이 무리 지어 다니는 모습이 잘 보이는 겨울이 새들을 관찰하기는 좋은 환경이다. 겨울철새들은 보통 가을이 깊어 갈 무렵 찾아와 봄에 북쪽으로 이동을 시작한다. 반면 여름철새들은 봄이나 초여름에 남쪽에서 찾아와 번식을 한 후 다시 월동지로 돌아간다. 그리고 1년 내내 우리 주변에서 볼 수 있는 텃새들이 있다.

　여름은 새들이 짝짓기를 하고 새끼를 기르는 활동을 하는 시기이다. 겨울처럼 크게 무리 지은 새들을 볼 수는 없지만 겨울보다 종류가 더 많은 텃새와 여름철새들이 우리 주변에 있다.

　여름철새인 왜가리, 백로, 해오라기는 물가에서 흔히 볼 수 있는, 우리 주변에서 잘 적응해 살아가는 새들이다. 그중에서도 왜가리는 몸집이 크고 물고기뿐만 아니라 양서류, 파충류, 소형 포유류 등 못 먹는 것이 없을 정도라 생태계의 상위 포식자로 군림하고 있다. 실제로 봐도 눈빛이 약간 살벌해 보이는 느낌이다. 실제 가 본 곳 중 인상 깊었던 전북 부안군 변산반도 격포의 왜가리 서식지가 있다. 격포 채석강의 닭이봉 전망대 아래에 있는 소나무 숲에는 수많은 왜가리가 둥지를 틀고 새끼를 치고 있었다. 새끼들이 다 자랄 무렵에는 근처 바닷가 바위나 방파제 같은 해안 구조물 위에 막 독립한 어린 개체들이 대단히 많이 앉아 있는 것을 볼 수 있었다. 격포는 일몰을 구경하는 관광객들이 많은 관광지인데 여름날 저녁 무렵에는 각자의 둥지로 돌아가는 왜가리들의 울음소리가 꽤나 시끄럽게 들린다.

백로 중에서 중대백로나 쇠백로는 강과 저수지 등 습지라면 전국 어디서나 흔히 볼 수 있다. 백로들은 대부분 얕은 물가를 걸어 다니며 먹이 활동을 하는 편이라 발을 보기가 쉽지는 않지만, 쇠백로는 노란 양말을 신은 듯한 노란색 발이어서 구분이 된다. 반면 중대백로는 겨울에 부리가 노란색을 띠고 있다.

해오라기도 주로 여름철에 볼 수 있는데 왜가리에 비해 몸집이 훨씬 작고 목과 다리, 부리가 짧은 편이다. 왜가리와 백로들은 사람들 시선도 별로 개의치 않고 물가를 거닐며 먹이 활동을 하는데, 해오라기는 갈대숲 같은 곳에 가만히 숨어 은밀하게 먹이 활동을 하는 편이다. 예전에는 순우리말 표현이라며 '하야로비'라는 말을 썼다. 해오라기는 하야로비, 해오라비 등이 변하여 붙여진 이름으로 하야로비는 옛말이라고 봐야 한다. 해오라기는 전 세계에 굉장히 폭넓게 분포하는 새이다.

왜가리와 백로, 해오라기는 우리나라 전역에서 번식하는 여름철새로 알려져 있는데 최근에는 많은 수가 텃새화하고 있어 거의 1년 내내 볼 수 있는 곳이 많다.

왜가리

몸길이 84~102cm. 부리와 목, 다리가 길고 전체적으로 회색을 띠며 배쪽은 희다. 머리에 눈 선과 연결된 검은색 댕기가 있고, 목 앞에 검은 두 줄의 줄무늬가 있다. 논, 호수, 하천, 바닷가 등 거의 모든 습지에서 생활한다. 어류, 양서류, 파충류, 포유류, 조류, 곤충류, 거미류 등 거의 모든 작은 동물들을 잡아먹는 육식성이다. 쇠백로, 중대백로 등 다른 백로류와 섞여 매년 같은 장소에서 집단으로 번식한다. 전국에서 흔한 여름철새이며 겨울철새이기도 한데 거의 텃새로 볼 수 있다.

쇠백로

몸길이 55~65cm. 몸 전체가 흰색이고 부리와 다리는 검은색, 발가락만 노란색이다. 번식기에는 뒷머리에 두 가닥의 긴 댕기깃이 나고, 목 아래쪽과 등 뒤에도 장식깃이 생긴다. 논, 호수, 하천, 바닷가 등 대부분의 습지에서 생활한다. 물고기를 비롯하여 양서류, 파충류, 곤충류, 소형 조류와 소형 포유류 등을 잡아먹는다. 우리나라 전역에서 중대백로만큼 흔히 관찰되는 여름철새이며, 일부는 월동하여 1년 내내 볼 수 있다.

중대백로

몸길이 80~90cm. 부리와 목, 다리가 길고 몸 전체가 흰색이며 눈 앞쪽에는 녹색의 피부가 드러나 있다. 여름에는 부리가 검은색이고 겨울에는 노란색이며 다리는 검은색이다. 번식기에는 어깨와 가슴에 긴 장식깃이 생기며 겨울에는 없어진다. 논, 호수, 하천, 바닷가 등 대부분의 습지에서 생활한다. 물고기를 비롯하여 양서류, 파충류, 곤충류, 소형 조류와 소형 포유류 등을 잡아먹는다. 우리나라 전역에서 번식하는 여름철새이나 일부는 월동하여 1년 내내 볼 수 있기도 하다.

해오라기

몸길이 52~58cm. 머리와 등은 녹청색 광택이 도는 검은색이며 이마와 눈썹 선, 배 쪽은 흰색이다. 날개와 허리, 꼬리는 회색이다. 어린 새는 짙은 갈색이고, 번식기에는 머리 뒤쪽으로 두세 가닥의 흰색 댕기깃이 나온다. 눈은 크고 붉은색이며 눈 앞쪽으로 녹황색 피부가 노출되어 있다. 부리는 검은색, 다리는 노란색이다. 논, 호수, 하천, 바닷가 등 대부분의 습지에서 생활한다. 어류, 양서류, 파충류, 갑각류, 곤충류, 거미류 등을 주로 먹는 육식성이다. 흔하게 볼 수 있는 여름철새이며 남부 지방에서는 월동도 한다.

7. 매사냥과 아버지의 기억

- 황조롱이, 솔개, 참매, 매, 말똥가리

육식성의 새는 매나 솔개 같은 맹금류가 대표적이다. 이들은 작은 동물을 잡아먹는 새들이므로 부리와 발톱이 고기를 찢기 쉽도록 날카롭게 구부러져 있다. 맹금류의 '맹(猛)'은 사납다는 뜻이고 새를 뜻하는 '금(禽)' 자가 붙어서 '사나운 새'라고 풀이되는데, 실제로 이런 새들은 좀 무섭게 생겼지만 늠름한 모습이 대단히 멋있어 보인다.

우리 곁에서 흔히 보이는 소형 맹금류에는 황조롱이가 있다. 마치 드론처럼 하늘 높이 정지비행(hovering)을 하는 모습이 특징인 새인데 큰 나무가 많은 공원에서 드물지 않게 관찰할 수 있다. 최근에는 사람들이 사는 아파트의 베란다나 고층 건물의 턱 같은 곳에 둥지를 트는 모습도 볼 수 있다. 그래서인지 텔레비전이나 유튜브 같은 데서 아파트 베란다 에어컨 실외기 틈이나 외부에 내놓은 빈 화분 등에 둥지를 틀고 새끼를 키우는 황조롱이의 영상을 제법 볼 수 있다. 황조롱이는 그만큼 사람들과 함께 사는 환경에 잘 적응하고 있는 새라고 풀이된다.

이런 맹금류를 보는 것은 어린 소년들에게 모험심을 자극하는 굉장한 경험이었다. 내가 어렸을 때는 산에 올라가 장수풍뎅이나 사슴벌레, 하늘소 같은 큰 갑충류를 잡는다거나 맹금류를 보는 일이 친구들에게 우쭐하게 내세우는 무용담이 될 수 있었다. 아스팔트인지 콜타르인지 모를 시커먼 것을 칠해 놓은, 나무로 만들어진 높은 전봇대 위에서 쥐를 잡아먹고 있는 솔개, 말똥가리, 황조롱이 같은 맹금류를 제법 보던 시절이었다. 초등학교 저학년 때 바닷가 가까운 동네에서 살았는데, 전봇대 꼭대기에서 쥐나 비둘기를 잡아먹는 솔개를 종종 볼 수 있었다. 특히 날씨가 스산해지기 시작하던 11월부터 겨울 동안에 많이 보였다.

고향이 함경도인 아버지의 직업은 외항선을 타는 선원이었다. 당시에 흔히들 말하던 마도로스.[1] 그 덕에 외국에서 가져온 쌍안경이 집에 있었고, 그것으로 전봇대 꼭대기에서 먹이를 먹고 있는 솔개를 생생하게 관찰할 수 있었다.

아버지 이야기를 다시 해 보자면, 나는 어렸을 때 우리 집이 참 특이하면서도 어린 마음에 잘 이해가 되지 않았다. 가장 특이하게 느꼈던 것은 다른 집들과는 다른 아버지였다. 다른 집에는 매일 출퇴근하는 아버지가 계시고 퇴근할 때는 맛있는 것도 사 오셨다. 여름에는 수박이나 참외를, 겨울에는 호떡이나 붕어빵을 사서 집에 오는 아빠를 기다리는 아이들이 있는 가정이 평범하고 행복해 보였다. 하지만 우리 아버지는 거의 일 년 정도 바다에 나가 일하시다가 들어와서는 한 달 정도 그냥 집에 계셨다. 아버지는 선원들이 모이는 해운회사가 많은 부산의 중앙동이나 아버지 고향 사람 같은 실향민들 가게가 많은 남포동 국제시장, 아니면 집 근처의 아버지 또래분들이 모이는 복덕방 같은 곳에 가서 시간을 보내셨다. 이 기간에만 보면 아버지는 거의 일을 하지 않는 백수처럼 보였다.

나는 매일 볼 수 있고 퇴근하면 맛있는 간식도 사다 주는 아버지가 있는 다른 집 아이들이 조금은 부러웠다. 하지만 우리 아버지는 일 년에 한 번 와서 한꺼번에 사랑을 주셨고, 해외여행이 자유롭지 못했던 당시에 보기 드문 신기한 외국 물건들을 선물해 주셨다. 누나들은 그런 외국의 옷이나 학용품 등을 받는 최대 수혜자였다.

아버지의 고향은 이북의 함경도라 우리 집은 친척이 없었다. 아버지는 한국전쟁 이전에 이미 남한에 내려와 계시다가 전쟁이 난 뒤 다시 고향으로 갈 수 없게 된 경우였다. 그래서 여느 집들과는 다르게 우리에겐 성이 같은 할아버지나 삼촌, 고모, 사촌들이 없었다. 명절이면 다른 집들은 가족이나 친척들을 만나 맛있는 음식을 나눠 먹거나 하면서 즐거워하는데 우리 집은 아버지가 우울해하시는 모습을 보곤 했다. 그도 그럴 것이, 아버지는 전쟁 이후 몇 년만 지나면 통일이 되어서 고향으로 갈 수 있을 것으로 생각하셨다고 한다.

당시엔 아버지뿐 아니라 많은 피난민들이 그렇게 생각하며 살아가고 있었다. 아버지는 평생 그렇게 고향을 그리워하셨지만 결국은 두 번 다시 고향 땅을 밟지 못하고 돌아가셨다. 선원이었던 아버지는 거의 세계 모든 곳을 돌아다닐 수 있었지만, 아버지가 다니던 다른 나라들보다 훨씬 가까운 고향에는 결코 갈 수 없었다. 그러던 어느 해 아버지는 바다 건너 머나먼 타국에서 돌아가셨다. 내가 어렸을 때의 일이었다.

나에게는 개성 넘치던 아버지와 함께한 시간이 짧지만 강렬한 기억으로 남아 있다. 아버지가 집에 와 계실 때는 함께 산에도 가고 바닷가에도 가고 재미있는 이야기도 많이 해 주셨다. 아버지 고향과 집안,

그 지역의 풍습과 역사와 문화, 자연에 대해서도 이야기해 주셨다.

특히 큰아버지가 주인공으로 등장하던 사냥 이야기는 너무나 흥미로웠다. 함경도는 험준한 산이 많은 곳이라 호랑이와 불곰에 관한 이야기도 해 주셨다. 큰아버지는 일제강점기에 일본인 세력가들로부터 호랑이 사냥을 위해 사람들을 꾸리라는 요구를 받았다고 하셨다. 몰이꾼이나 포수 등 여러 역할을 하는 사람들로 구성된 사냥팀을 말하는 것인데 큰아버지가 대장이었던 것이다. 당시 일본인들은 자기 나라에는 없던 호랑이를 잡는 것이 한국에서 꼭 이루고 싶은 꿈 중의 하나였다고 한다. 아버지의 증언에 따르면 그렇게 큰아버지와 함께 깊은 산속으로 사냥을 떠난 일본인들은 겁을 많이 내다가 호랑이를 잡은 후에 마을로 내려와서는 마치 자기가 다 잡은 것처럼 사람들 앞에서 우쭐댔다고 한다.

깊은 산속에서 큰 동물을 사냥하는 것 외에 매를 이용한 매사냥에 관한 이야기도 해 주셨다. 매를 잡고 길들이는 일, 시치미를 다는 일, 그리고 그 매를 데리고 사냥하는 사람 즉, 매꾼이나 매잡이에 관한 이야기도 해 주셨다.

나는 중·고등학교 때 여러 학교 학생들이 모여 책을 읽고 이야기하는 독서토론 모임 활동을 했던 적이 있다. 주제가 되는 책을 한 권 정해 한 달에 한 번 정도 공립도서관에 모여 자유롭게 이야기했었다. 그 시절의 책과 친구들은 나에게 너무나 큰 영향을 끼쳤고, 그 책과 친구들 모두가 내게는 정말 소중하고 고마운 인연이다. 중학교 3학년 때인가 고등학교 1학년 때인가 모임에 있던 한 친구의 추천으로 정해진

책이 이청준의 소설 '매잡이'였는데, 그 내용을 보면 아버지에게 들었던 이야기와 비슷한 내용이 꽤나 많았다.

소설 '매잡이'는 1968년 발표된 이청준의 중편으로, 매사냥을 그대로 지켜내려는 매잡이 곽 서방의 고지식하고 처절한 삶을 그리고 있다. 작중 화자인 '나'는 친구(소설 속에서는 형으로 부르는데 친구 같은 선배로 봐야 할 것이다.)인 민태준의 행적을 좇아 매잡이 곽 서방과 그를 따라 매잡이가 되고 싶어 하는 벙어리 소년 중식의 이야기를 풀어낸다.[2] 매잡이는 매를 부려 사냥하는 사람을 말한다. '매꾼', '매받이' 등으로도 불리는데, 보호 장구를 찬 팔에 매가 올라앉게 하여 매를 부리면서 주로 꿩이나 멧토끼 등을 잡는다.

이청준은 전남 장흥에서 출생한 한국의 대표적 실험적 모더니즘 소설가로 1965년 '퇴원'으로 등단했다. '이어도', '매잡이', '병신과 머저리', '낮은 데로 임하소서', '서편제', '당신들의 천국', '축제' 등이 대표작이다. 그의 작품은 연극이나 영화로도 많이 만들어졌으며 영화화한 작품들이 청룡영화상, 대종상 등 각종 영화상에서 수상작이 됐다. 한국 현대문학사에서 치열한 문학적 성찰과 형식적 실험을 보여준 작가로 평가받고 있다.[3]

아버지에게서 들은 매사냥에 사용된 매는 참매가 아닐까 생각된다. 해안이나 강 하구의 새들을 주된 먹이로 삼던 매, 즉 흔히 말하는 송골매는 평야가 펼쳐진 곳에서 사냥에 이용하기 좋았을 것이고, 참매는 수풀이 우거진 산악 지대에서 매사냥을 하기에 좋았을 것이다. 해안이나 평야 같은 넓은 장소에서 작은 새를 사냥하는 매는 길고 좁은 날개

구조를 지녀 엄청난 속도를 낼 수 있다. 반면 참매는 장애물을 순간적으로 피해 나가며 단거리 스피드를 내기 좋은 날개 구조를 지니고 있다. 많이 헷갈리는 부분이기는 한데 매는 매과이지만 참매는 수리과에 속하는 새이다.

매사냥은 우리나라 전역에서 오랜 역사에 걸쳐 전승되어 온 전통 문화유산이다. 민요 '남원산성'과 '까투리 타령'을 보면 매의 종류와 매를 이용해 꿩을 잡는 내용이 노래 가사에 나온다.

전북 완주군에서 전승되어 오는 남도잡가(南道雜歌) '남원산성' 가사를 보면, "남원산성 올라가 이화문전 바라다보니 / 수진이 날진이 해동청 보라매 떴다 보아라 저 종달새 / 허정은(석양은) 늘어져 갈마귀(갈매기) 울고 능수 버들가지 휘늘어진디 / 꾀꼬리는 짝을 지어서 이 산에 가도 꾀꼬리 수리루 저 산에 가도 꾀꼬리 수리루 / 응응 어허야 에헤야 되야 어루 둥가 허허 둥가 둥가 내 사랑이로구나"라고 되어 있다.[4] 수진이, 날진이, 해동청, 보라매는 매사냥에 쓰는 매를 부르는 이름들이다.

매사냥용으로 키워지는 생후 1년 이하의 참매를 '보라매'라고 부른다고는 하나, 과거 고려와 조선에서부터 현재까지도 참매와 매를 잘 구분하지는 못한 것 같다. 보라매는 완전한 성체가 되기 전 깃털의 색깔이 전체적으로 갈색이 많아, 갈색을 뜻하는 몽골어 '보로(boro)'[5]에서 온 말이 어원이라고 한다. 몽골이 세운 원나라는 고려의 사냥용 매를 아주 좋아해서 조공으로 보내게끔 했다. 이 사냥용 매를 전국에서 모으고 원나라에 보내는 '응방'이라는 관청이 있었고, 매를 부리는 매잡이를 '응사'라고 불렀다. 응방은 조선 시대 중기까지 이어졌다. 수진이와 날진이의 표준어는 수지니와 날지니인데, 날지니는 산지니와 의미가 같은 말로 볼 수 있다. 수지니는 어려서부터 사람 손에 길러진 생후 1년 이하의 매를 뜻하고, 산지니는 야생(산)에서 자란 매를 포획해 사냥용으로 길들인 것이다.

역시 전라도 민요인 '까투리 타령'의 후렴구 가사를 보면 "까투리 한 마리 푸두둥하니 매방울이 떨렁~" 하는 부분이 나온다. 이는 매사냥을 하는 모습을 가사로 나타낸 것인데, 숲에서 몰이꾼이 소리 지르며 꿩을 날리면 매잡이가 매를 띄워 잡는다는 뜻이다. 매가 매잡이의 팔에서 떠날 때 매의 발에 달린 매방울이 '떨렁' 하는 소리와 모양을 묘사한 것이다.[6]

초등학교(물론 당시에 나는 국민학교를 다녔지만…) 5학년인가 6학년 때였다. 때는 낙엽이 한창 지면서 쌀쌀해져 겨울을 준비하는 늦가을쯤이었던 것 같다. 개구쟁이 동네 친구들이 숨을 헐떡거리며 우리 집 대문으로 들어왔다. 당시엔 학교를 마치고 집에 오면 저녁 먹고 나서 문단속할 때까지 대문은 거의 열려 있었고 동네 아이들은 너나없이 드나들며 놀았다. 그 골목에선 우리 집뿐만 아니라 대부분 그랬다. 집으로 들어온 녀석들의 이야기는 우리 집 옥상 쪽으로 독수리가 날아가 앉아 있다는 것이었다. 친구들과 함께 계단을 올라 옥상 쪽으로 가보니 과연 커다란 맹금 한 마리가 옥상 지붕 끝부분에 앉아 있었다. 우리가 다가가자, 고개를 돌려 바라보기 시작했는데 꽤 가까이(아마도 6~7미터 앞까지) 갔는데도 날아가지 않았다. 동물원이 아닌 곳에서 맹금류를 가까이에서 본 첫 경험이었다.

가까이에서 본 그 새는 전체적으로 짙은 흑갈색에 하얀색과 연한 낙엽색이 섞여 있는 몸통과 날개, 부리부리하게 움직이는 큰 눈과 날카로운 부리가 너무나 인상적이었다. 그 멋있는 모습에 웅장함마저 느꼈었다. 그런데 아이들의 말처럼 독수리는 아니었다. 아이들뿐만 아니라 웬만한 어른들도 맹금류에 대해서 그리 잘 알지는 못해서 그냥 커다란 맹금류는 독수리, 조금 작으면 매라고 하곤 했다. 어린이들에게는 특히나 이런 새들은 그냥 통칭해서 독수리인 것이다. 나는 어려서도 새들을 그래도 잘 구분하는 편이었고 야생동물에 관심이 많은 편이었기에 독수리도 솔개도 아닌 것을 알아차렸다. 그 새는 말똥가리 같았다.

그 말똥가리는 다시 우리 쪽을 쳐다보더니 옆집 옥상 물탱크 위로 귀찮다는 듯 슬며시 날아갔다. 그리 멀리 날아가지도 않고 짧은 거리를 슬쩍 옮겨간 정도였다. 그런데 거기에는 또 다른 한 마리가 더 있었다. 아이들은 암컷과 수컷으로 이루어진 부부가 아닐까 하고 말했었다. 지금 돌이켜보면 그 새들은 부부였을 수도 있고, 아니면 몸집은 거의 어미와 비슷한 성조가 되어가는 어린 개체였을 수도 있겠다는 생각이 든다. 사람들이 가까이 다가가도 경계가 심하지 않았고 멀리 날아가지 않은 점 등이 그 이유다. 아무튼 제법 커다란 맹금류 두 마리를 굉장히 가까이서 본 특이한 경험이었다.

말똥가리는 기류를 타고 선회하거나 정지비행을 하면서 '삐이이 삐요' 하는 소리를 낸다. 흔히 드라마나 영화에서 매나 수리류의 소리로 나오는 멋있는 새소리가 실은 이 말똥가리의 울음소리인 경우가 많다.

황조롱이

몸길이가 수컷은 33~36cm, 암컷은 35~38cm 정도이며 날개를 편 길이는 68~76cm이다. 수컷의 머리와 꼬리는 푸른빛을 띤 회색이고 꼬리 끝에 검은색의 띠가 있다. 암컷은 수컷과 달리 머리와 꼬리가 등과 같은 적갈색이고 등의 흑갈색 반점이 조밀하다. 암수 모두 가슴과 배에 검은색 줄무늬가 있다. 수컷은 눈 밑에 명확한 검은색 가로무늬가 있고 등 뒤에 흑갈색 반점이 있다. 전국의 들판, 초원, 숲, 농경지, 강가, 공원 등에 살며 소형 포유류와 조류, 곤충류를 주로 잡아먹는다. 우리나라 전역에 흔하게 서식하는 텃새로 천연기념물이다.

솔개

몸길이는 58~68cm, 날개편길이는 125~153cm 정도이다. 몸은 전체적으로 진한 갈색이며 세로로 밝은 갈색 무늬가 있다. 날 때 날개가 길고 각져 있으며 아랫면에는 흰 반점이 있는 것이 특징이다. 꼬리는 긴 편으로 꼬리 중간이 오목하게 들어가 있어 멀리서도 구분하기 쉽다. 소리개라고도 부르며 해안가나 강 하구 등에 사는 텃새인데, 볼 수 있는 장소나 개체수가 적은 편이다. 쥐와 같은 작은 포유류나 조류, 양서류, 파충류, 어류, 곤충류 등을 사냥하는데 죽은 동물의 사체도 즐겨 먹는 청소부 동물이다. 예전 시골에서는 마당에 있던 닭이나 병아리를 채어 가는 일이 많았다고 한다. 멸종위기 야생생물 2급이다.

참매

몸길이 50~63cm, 날개편길이 89~130cm 정도로 수컷이 암컷보다 작다. 수컷의 몸 윗면은 진한 청회색이고 눈 위로 흰색 선이 있다. 눈 주변에는 검은색 띠가 있고 눈은 노란색이다. 몸 아래쪽에는 흰색 바탕에 흑갈색 가로줄 무늬가 있다. 날개는 폭이 넓은 편이다. 야산과 강 하구, 농경지 등에서 살며 작은 포유류와 중형 조류 등을 잡아먹는다. 우리나라에서는 10월 초순에서 3월 하순까지 볼 수 있는 겨울철새이고 드물게 번식하는 텃새이기도 하다. 천연기념물이며 멸종위기 야생생물 2급이다.

매

송골매라고 부르기도 한다. '송골'이라는 이름은 방랑자를 뜻하는 몽골어 '송코르(Songquor)'[7]에서 왔다고 한다. 몸길이는 42~48cm이고, 머리에서 목덜미까지는 검은색, 등과 날개, 꼬리 부분은 청회색이다. 이 부분이 푸른빛을 띠어서 예전 매사냥에 쓰이던 우리나라의 매를 '해동청'이라 불렀다. 눈 둘레와 부리 기부, 발은 노란색이고 뺨은 희고 눈 밑에는 검은색 무늬가 있다. 가슴과 배에는 흰색 바탕에 검은 가로줄 무늬가 있다. 발톱은 길고 날카롭다. 해안가 절벽이나 높은 나무 꼭대기에 산다. 날 때는 날개를 빨리 치면서 직선으로 날며 하늘로 높이 날아올랐다가 빠르게 내리꽂으면서 먹이 사냥을 한다. 이때의 시속은 약 300km 이상에 달하며 새 중에 가장 빠른 속도라고 한다. 주로 오리, 꿩, 비둘기, 도요새 같은 새들을 먹이로 삼고 작은 포유류도 잡아먹는다. 천연기념물이며 멸종위기 야생생물 1급으로 보기 드문 텃새이다.

말똥가리

몸길이 53~56cm, 날개편길이는 109~137cm 정도이다. 몸 전체가 암갈색이고 날개 가운데 깃은 얼룩덜룩한 흰색이며 날개깃 끝은 검은색이다. 개체에 따라 전체적인 색깔이 매우 다양하다. 날개폭이 넓고 날개를 펼쳤을 때 아래에서 보면 검은 반점이 보이는 것이 특징이다. 먹이를 찾을 때는 기류를 타고 선회하거나 정지비행과 활공을 하며 '삐이이 삐요' 하는 울음소리를 낸다. 전국의 농경지나 하천, 야산, 간척지 등에서 생활한다. 설치류와 같은 작은 포유류나 작은 조류, 파충류, 양서류, 곤충류 등을 잡아먹는다. 10월에서 이듬해 4월 초순까지 우리나라 전역에서 흔히 볼 수 있는 겨울철새이다.

1) 마도로스란 말은 원래는 네덜란드어 '마트로스(matroos)'에서 왔으며 선원들이 피던 파이프 담배를 만드는 나무 재료 이름에서 따왔다고 한다. 나도 아버지가 피시던 파이프 담배를 생생히 기억하고 있고 깡통에 들어 있던 담뱃잎 냄새가 지금도 기억 속에 또렷이 남아 있다. (인터넷 한국해운신문 칼럼 '김성준의 해사영어의 어원(3) / matelot: 선원, 마도로스, 외항선원' 참조

2) 이청준, 1986, "이어도·매잡이 – 이청준 중편집", 글방문고

3) 이윤옥, 2023, "이청준 평전", ㈜문학과지성사

4) 인터넷 디지털완주문화대전 '남원산성' 참조

5) 인터넷 우리문화신문 '해동청 보라매의 말밑과 유래' 참조

6) 인터넷 한국민족문화대백과 '까투리 타령' 참조

7) 김현태 글, 천지현·이우만 그림, 2019, "새도감 – 세밀화로 그린 보리 큰도감", ㈜도서출판 보리, 박지택 글·사진, 2018, "송골매, 바다를 지배하다", 투나미스 출판사

8. 전설이 되어 가는 슬픈 제왕들
- 참수리, 수리부엉이

    아버지에 대한 기억이 바다와 산이라면 김해가 고향이었던 어머니는 강의 기억이다. 어린 시절 외갓집에 갈 때 낙동강을 건넜던 기억이 선명해서일 게다. 어머니의 손을 잡고 걸었던 강가 둑길에서는 수많은 새들을 볼 수 있었다. 특히 가을부터 겨울까지의 낙동강 하구는 철새들의 천국이었다. 다른 지역에서는 보기 힘든 희귀한 새들도 관찰할 수 있는 곳이었다. 겨울철 낙동강 하구에서 볼 수 있는 희귀한 맹금류 중에는 참수리가 있다. 수리류 중에서도 대형으로 굉장히 보기 드문 새이지만, 겨울에 강 하구나 갯벌 같은 데서 웅장한 자태를 간간이 보여준다. 노랗고 두꺼운 부리와 하얀색의 어깨와 꼬리가 특징인 참수리는 강 하구에서는 하늘의 제왕이라고 할 수 있다. 강렬한 노란색 부리와 동그랗고 매서운 눈을 가진 참수리는 만화에서나 나올 법한 모습을 하고 있다.

    참수리가 강 하구의 제왕이라면 밤의 제왕이라고 불리는 맹금류도 있다. 바로 수리부엉이다. 부엉이나 올빼미는 밤에 활동하는 야행성 조류인데, 수리부엉이가 우리나라 올빼미과 새들 중에는 가장 크고 탁월한 사냥 능력을 가지고 있어서 밤의 제왕이라 불러도 손색이 없다. 수리부엉이는 머리에 귀처럼 생긴 깃이 있고, 크고 넓은 둥근 날개와 독특한 깃털 구조 때문에 날 때 소리가 거의 나지 않는 것이 특징이다. 그래서 쥐 같은 설치류들은 밤에 돌아다닐 때 수리부엉이의 목표물이 되면 언제 다가오는지도 모른 채 잡혀서 먹이가 되고 만다.

올빼미과의 새들은 날개 구조와 나는 방법으로 인해 소음이 거의 나지 않는 비행을 한다. 큰 날개와 느린 비행 속도로 활공 시간을 늘려 날갯짓 소음을 최소화하고, 날개깃의 앞쪽 가장자리에 있는 작은 톱니 모양의 구조가 비행할 때 소음의 원인이 되는 난기류 발생을 분산시켜 준다. 날개의 뒤쪽 가장자리에 있는 부드러운 술 모양의 구조는 공기 흐름을 더 매끄럽게 만들어 소음을 최소화해 준다. 그리고 깃털 표면의 벨벳 같은 부드러운 질감은 공기 흐름을 진정시켜 소리 발생을 흡수한다.[1]

예전엔 도시에서도 산 아래 위치한 동네에서는 갖가지 동물들이 인가에 내려와 잡히기도 했다. 담 위의 철조망(당시엔 철조망이 담 위에 있는 곳들도 제법 있었다.)이나 지붕 위의 TV 안테나를 지탱하는 철사 등에 새나 박쥐 같은 동물들이 걸리는 일도 있었다. 나는 시골에 살아 본 적이 없고 대도시에서만 쭉 살아왔지만 고라니가 잡힌 것을 보기도 했고 박쥐나 족제비도 심심찮게 봤었다.

한번은 어느 집 창문 아래 철삿줄에 커다란 수리부엉이가 걸려서 어른들이 구경하러 모여 있는 것을 보았다. 아마도 밤중에 날아다니다가 지붕과 낡은 창문 사이에 쳐져 있던 철사에 걸렸던 것 같다. 당시엔 야산 아래 집들 근처에 쥐나 닭 같은 동물이 흔해서 그런 동물을 사냥하는 수리부엉이나 올빼미 같은 새들도 먹이를 따라 사람들이 사는 곳 근처로 오기도 했을 것이다. 낮에 가까이서 본 수리부엉이는 특징적인 귀깃을 가진 아주 커다란 새였다. 사람들에게 잡혀서 놀랐는지 원래도 노랗고 동그란 큰 눈이 더더욱 커 보였다.

수리부엉이를 비롯해서 그 당시 포획된 동물들이 그 후에 어떻게 되었는지는 알지 못한다. 요즘처럼 야생동물 보호에 대한 인식이 제대로 있지 않았던 시절이라 동네 사람들이 잘 보호했다가 자연으로 돌려보내는 아름다운 결말은 거의 없었을 듯싶다. 오늘날 수리부엉이나 참수리는 보기가 너무 어려운 희귀한 새들이다. 혹여나 자취를 완전히 감추어서, 제왕들이 전설로만 남게 되는 슬픈 일은 벌어지지 않았으면 한다.

나는 초등학교 다닐 때 등하교를 하면서 중간에 딴 길로 잘 새는 아이였다. 학교에서 흔히 말하는 굉장히 '산만한 학생'이었던 것이다. 그래서인지 동네 친구들은 얼마 걸리지 않는 등하교 시간이 나는 꽤나 많이 걸렸었다. 중간에 다른 집에서 키우는 닭이나 강아지도 보고, 갖가지 곤충들이나 작은 뱀, 개구리, 도마뱀도 보곤 했다. 내가 다니던 학교가 산 아래에 있었고, 그런 이유로 등굣길에 나무나 풀숲이 많아서 가능한 일이었다. 그렇다고 해도 다른 아이들은 전혀 보지도 않는 것들에 대해 나는 너무 많은 관심을 가지고 있었고, 이들을 관찰하고 조사하면서 학교나 집으로 향했다. 그래서인지 보통 도시 아이들이 잘 알지 못하는 것들을 많이 경험했다. 게다가 대도시임에도 불구하고 내가 살던 곳 주변에는 산과 논밭이 흔했다. 바닷가 근처에 살 때는 학교를 파하면 바닷가 백사장이나 방파제에 책가방을 던져두고 바위틈에 있는 작은 게나 바위에 붙은 조개, 따개비를 잡기도 했다. 그리고 그 속살을 미끼로 끼워 버려진 낚싯줄로 망둑어 같은 작은 물고기를 잡기도 했다. 그렇게 어린 시절을 도시 속에서도 자연과 가까이서 보냈다.

참수리

몸길이 85~105cm, 날개편길이는 195~245cm로 몸 전체가 검은색이고 앞이마, 어깨, 허리, 꼬리는 흰색이다. 노란색 부리는 매우 크고 두꺼우며 눈앞까지 노란 피부가 드러나 있다. 펼친 날개는 뒤쪽이 둥글고 바깥쪽으로 갈수록 넓게 보인다. 꼬리 가장자리는 흑갈색이고 긴 마름모 모양이다. 강 하구와 저수지, 바닷가, 하천과 습지에서 생활한다. 큰 어류와 포유류, 조류 등을 잡아먹으며 동물 사체도 즐겨 먹는다. 우리나라에서 11월부터 이듬해 3월까지 아주 드물게 볼 수 있는 겨울철새이다. 천연기념물이며 멸종위기 야생생물 1급이다.

수리부엉이

몸길이 60~75cm, 날개편길이는 131~188cm 정도이다. 육지에서 멀리 떨어진 일부 도서 지역을 제외한 한반도 전역에 서식하는 텃새이다. 우리나라에서 서식하는 올빼미과 새 중에서 가장 크다. 귀처럼 보이는 긴 갈색 귀깃이 특징적이며 눈의 홍채는 노란색이다. 몸은 전체적으로 갈색이며, 검은색으로 된 가로 세로 줄무늬가 복잡하게 얽혀 보인다. 얼굴은 갈색이며, 가늘고 검은 털이 동심원 형태와 방사형으로 나 있다. 암벽이 많은 산림에서 주로 생활한다. 야행성으로 대부분 밤에 활동하나 번식기에는 밤낮으로 먹이 활동을 하기도 한다. 꿩, 토끼, 다람쥐, 쥐와 박쥐 등은 물론 양서류, 파충류, 곤충 등 다양한 먹이를 사냥한다. 천연기념물이며 멸종위기 야생생물 2급이다.

1) 미국 새 보호 자연단체 "오듀본 Audubon(www.audubon.org)" 웹진 기사, 'The Silent Flight of Owls, Explained' 참조

9. 쉬어 가는 나그네들
- 꼬까도요, 마도요, 세가락도요, 청다리도요

철새들 중에 나그네새가 있다. '나그네'라고 하면 옛날이야기나 전래 동화에서, 한곳에 오래 머무르지 않고 바람 따라 구름 따라 떠도는 방랑자이다. 나그네새는 이런 나그네처럼 우리나라에 잠시 쉬었다 가는 새를 가리킨다.

계절에 따라 사는 곳을 이동하는 새들, 즉 철새는 우리나라에서 겨울철새와 여름철새로 나뉜다. 새들의 습성에 따라 멀리 북쪽에서 여름을 나고 겨울은 우리나라에서 보내는 겨울철새가 있고, 반대로 겨울 동안 추운 날씨를 피해 따뜻한 남쪽에서 지내다가 여름에 우리나라에 오는 여름철새가 있다. 이런 새들은 여름과 겨울 동안 자신이 머무를 곳으로 이동한다. 철새들 중에는 이동 거리가 아주 먼 새들이 있다. 도요새류가 대표적인데 여름에는 북극에 가까운 시베리아, 알래스카 등 툰드라 지대에 있다가 겨울에는 아주 먼 남반구의 오스트레일리아나 뉴질랜드까지 이동하는 새들도 있다. 이런 새들은 이동 거리가 너무 길어서 중간에 우리나라 같은 곳에서 잠시 머물며 쉬었다가 가는데 이렇게 중간에, 주로 봄과 가을에, 잠시 머물렀다가 가는 새들을 철새 중에서도 나그네새라고 부른다.

지도에서 보면 이들의 이동 거리는 정말 길다. 특히 지구본으로 보면 느낌이 더 확실하다. 비행기를 타고 먼 나라로 여행을 해 봤다면 그 거리가 얼마나 먼 것인지 가히 체감하리라 생각한다. 우리 인간이 비행기를 타고 가도 굉장히 긴 시간을 비행해야 하는 거리인데 그 조그만 몸집의 새들이 어떻게 그렇게나 멀리 이동하는지, 그들의 체력과 에너지는 도대체 어디서 나오는 것인지 신기할 따름이다. 이런 도요새들은 강 하구와 바다의 갯벌이 펼쳐진 곳에서 많이 관찰된다. 이름도 재미있는 꼬까도요, 부리가 아주 길고 아래로 휘어진 마도요[1] 그리고 세가락도요와 청다리도요 같은 새들을 흔히 볼 수 있다.

꼬까도요

몸길이 22cm. 부리는 짧고 검은색이고 다리 역시 짧으며 오렌지색이다. 몸의 윗면에는 적갈색과 검은색 얼룩무늬가 있고 목과 가슴에는 검은색 띠가 있다. 이마에서 시작되는 검은 띠는 목과 가슴까지 연결된다. 머리색은 개체마다 조금씩 차이가 있다. 바닷가와 간척지, 강 하구, 갯벌 등지에서 살고 곤충류, 거미류, 갑각류, 작은 어류 등을 먹는다. 봄, 가을에 우리나라를 통과하는 흔한 나그네새이다. 4월~6월, 8월~10월 사이에 주로 관찰되며 작은 무리를 이루어 생활하는 경우가 많다.

마도요

몸길이는 50~60cm. 몸은 전체적으로 흑갈색이나 깃 가장자리는 흰색과 황갈색을 띤다. 몸에는 전체적으로 흑갈색 세로줄 무늬가 흩어져 있다. 꼬리는 흰 바탕에 검은 줄무늬가 있다. 아래쪽으로 굽어 있는 부리가 머리 3배 정도 길이로 긴 것이 특징적이다. 강 하구와 갯벌에서 무리를 이루어 느리게 움직이며 생활하는 모습을 쉽게 관찰할 수 있다. 게를 주로 잡아먹는데 새우나 작은 어류, 곤충류 등도 먹는다. 우리나라에서는 비교적 흔하게 관찰할 수 있는 나그네새이자 겨울철새로 8월 초순에서 4월 하순까지 볼 수 있다.

세가락도요

몸길이는 약 18~20cm, 날개편길이는 약 43cm이다. 여름에는 주로 적갈색이며 흑갈색의 얼룩무늬가 있다. 몸 아랫면은 흰색이고, 가슴은 짙은 적갈색이며 흑갈색의 작은 얼룩무늬가 있다. 날개깃은 검은 갈색이고 기부는 흰색이다. 겨울에는 몸 윗면은 회백색이고 어두운 갈색의 무늬가 있다. 아랫면은 흰색이며 부리와 다리는 검은색이다. 다리는 짧고 뒷발가락이 없어 발가락이 3개인 것이 특징이다. 바닷가 모래밭이나 갯벌 또는 강 하구에서 주로 생활한다. 갑각류, 물고기, 조개, 지렁이, 곤충류 등을 주로 먹는다. 강 하구 등에서 4월~5월, 8월~9월에 무리를 지어 다니는 모습이 흔히 관찰되는 나그네새이다.

청다리도요

몸길이 35cm. 몸 윗면은 연한 회갈색이고 깃 가장자리와 목과 가슴은 흰색이다. 머리와 목, 가슴에 검은 줄무늬 같은 반점이 흩어져 있다. 어깨깃의 일부는 검은색이며 겨울에는 가슴의 줄무늬가 흐려진다. 다리는 녹황색이다. 곤충류, 갑각류, 연체동물, 작은 물고기 등을 주로 먹는다. 갯벌과 강 하구, 습지, 호수에 서식하는 흔한 나그네새로서 4월~6월, 8월~11월에 주로 볼 수 있다. 일부 개체는 월동도 한다.

1) 아마도 예전에 가수 조용필이 부른 대중가요, '마도요' 덕분에 이 새의 이름을 알게 된 사람들도 많을 것이다.

10. 물가의 귀염둥이들 그리고 꿈처럼 스쳐 간 친구
- 꼬마물떼새, 댕기물떼새, 물까마귀

도요목의 새들 중에는 물떼새들이 있다. 물떼새 중에서도 특히 꼬마물떼새와 댕기물떼새는 이름만큼이나 귀엽고 예쁜 새들이다. 꼬마물떼새는 크고 작은 강가의 자갈밭이나 모래밭 등지에서 볼 수 있는데, 모래나 자갈과 비슷한 색깔과 무늬를 가진 알을 낳고 새끼 역시 이러한 색깔과 무늬를 가졌다.

꼬마물떼새는 새끼를 기르면서 둥지와 새끼를 보호하는 데 특이한 방법을 쓴다. 알이나 새끼가 있는 곳 근처에 천적이 나타나면 어미 새는 마치 날개나 다리를 다친 것처럼 허우적거리거나 비틀거리는 행동을 한다. 그러면 천적인 침입자는 그 행동을 보고 어미 새를 쉽게 잡을 수 있을 것으로 생각하고 달려든다. 그렇게 어미 새는 계속해서 침입자를 둥지로부터 먼 곳으로 유인하며 잡힐 듯 말 듯 도망가면서 알이나 새끼를 보호하는 행동을 한다. 생존을 위해 새들이 천적으로부터 자신이나 새끼들을 보호하려는 이러한 행동을 의상행동(擬傷行動, broken wing display)[1]이라고 한다.

꼬마물떼새의 이런 행동을 서울의 도심 하천에서 본 적이 있다. 내가 서울에 살 때는 주변에 있던 한강과 안양천, 불광천, 청계천, 중랑천 등 도심 하천 주변 산책로를 다니는 것을 좋아했다. 그중 중랑천에서는 주로 왜가리와 백로를 자주 볼 수 있었는데 그러다가 한 번은 꼬마물떼새를 발견했던 것이다. 반가운 마음에 더 관찰해 보려고 가까이 다가갔는데, 그 새는 날개를 다친 듯한 행동을 했다. 아마도 근처 둥지에 새끼가 납작 엎드려 숨죽이고 있었을 것이다. 나는 그 모습을 보고서 의상행동을 하는 것이라고 알아차렸고 어미 새가 안심하도록 다른 곳으로 자리를 옮겼다.

중랑천 산책로 주변에는 작은 모래밭과 자갈들이 있었고, 군데군데 갈대와 물억새, 부들 같은 긴 풀들이 무성한 공간들이 있어 자연적인 모습을 보여주었다. 봄에는 많은 잉어들이 산란을 위해 상류로 올라가는 모습이 장관을 이루기도 했다. 한때 죽음의 하천이었던 도심의 지류들이 인간의 노력과 자연 스스로의 정화 작용으로 깨끗한 자연으로 되돌아간 경우들이 있다. 시간이 오래 걸리긴 했지만 의미 있는 성과라고 볼 수 있을 것이다. 오염되고 망가지는 건 금방이지만 회복하는 데 상당히 오랜 시간이 걸리는 만큼, 환경을 깨끗하게 잘 유지하려는 인간의 노력이 무엇보다도 절실하다.

꼬마물떼새와는 달리 댕기물떼새는 겨울에 우리나라를 찾아오는 철새인데, 사는 곳도 꼬마물떼새와는 좀 달라서 저습지나 갯벌, 추수가 끝난 농경지 같은 곳에서 볼 수 있다. 같은 물떼새라는 이름을 가지고 있지만 사는 곳이나 볼 수 있는 시기가 완전히 다른 새이다. 하지만 둘 다 귀엽고 예쁘게 생겼다는 건 공통점이다.

물가를 터전으로 사는 새들은 종류가 다양하다. 예를 들어 오리처럼 물과 친하게 생긴 모습이 아니더라도 물가 주변에서 물과 아주 밀접하게 살아가는 새들도 있다. 그중에서도 물까마귀는 내게 아주 인상적인 추억으로 남아 있다.

대학 시절 혼자서 산에 가는 것을 좋아해서 지리산 종주를 몇 번 했었다. 주변 사람들은 서울에서 지리산으로 갈 때 주로 남원으로 가서 뱀사골 쪽으로 들어가는 사람들이 많았다. 그러나 나는 서울역에서 밤에 막차[2)]를 타고 구례구역에 새벽에 도착해서 노고단 방향으로 올라가서는 세석과 천왕봉을 거쳐 대원사 계곡 쪽으로 내려가거나 중산리 쪽으로 가서 산청 방면으로 나가곤 했다. 구례구역(求禮口驛)은 행정 구역상 구례군이 아닌 순천시에 속해 있다. 구례 지역이 생활권인 주민들이 주로 이용하는 역이라 이런 이름이 붙은 듯한데, 역 이름에 있는 '구' 자가 '입 구(口)' 자이다. 구례로 들어가는 입구라는 뜻이다. 버스 정류장이나 지하철역에 쓰는 'ㅇㅇㅇ 입구역'과 같은 의미로 보면 되겠다. 이 역을 처음 이용할 때 왜 구례역이나 구례군역이라 쓰지 않았는지 의아해했던 기억이 있다.

어느 초여름, 구례구역에 내려 혼자 지리산으로 갔던 적이 있었다. 그때도 역시 노고단으로 올라가서 세석을 거쳐 장터목 대피소에서 하룻밤을 지내고 새벽에 정상인 천왕봉을 오른 다음 하산하던 길이었다. 보통은 일행이 없는 경우라도 항상 두세 명 정도의 등산객들과 함께 움직이는 경우가 많았다. 하지만 이전에 몇 번을 종주해 봤던 터라 그날은 조금 우쭐해진 마음에 천천히 내려오는 사람들을 뒤로하고 나 혼자 빠른 속도로 산을 내려가기 시작했다. 그동안 가지 않았던 하산 길로 가보고 싶어 한적한 작은 등산로를 택해 내려갔다.

한참 동안은 나뭇잎 사이로 비치는 화사한 아침의 햇살을 받으며 경쾌하게 내려갔었다. 그러다가 어느 순간 나무들이 우거진 곳으로 들어가서는 깊은 숲속에서 그만 길을 잃어버리고 말았다. 어렸을 때도 산에서 길을 잃어버린 적이 있었고, 그럴 때는 물이나 능선을 따라 내려가면 된다고 알고 있었다. 그런 방법으로 쉽게 다시 하산로를 찾을 수 있을 거라고 생각했다.

이른 아침 음식을 가볍게 먹고 출발했고, 4~5시간 정도 걸려 하산하면 점심을 먹을 수 있다고 생각해서 배낭에는 남아 있는 음식도 없었다. 일단 물이 흐르는 곳부터 찾아야겠다는 생각이 들었다. 산 정상 아래에서부터 습한 기운이 있는 곳을 찾아 내려가다 계곡을 발견할 수 있었고, 물을 따라 내려가리라 생각하고 다시 하산을 재촉했다. 그런데 지리산은 동네 뒷산 정도의 산이 아니었다. 계곡 주변은 해를 가릴 정도의 원시림에 가까웠고, 어떤 곳에서는 어마어마하게 큰 바위를 따라 물이 급하게 떨어지는 폭포가 있기도 했다. 그래서 둘러서 가려면 한참이 걸리는 등 굉장히 난코스였다. 그러다 보니 체력 소모도 많아서 급속히 배가 고파졌다. 하지만 먹을 것이 없어 거푸 계곡물만 퍼마실 수밖에 없었다.

그렇게 계곡을 따라 한참 내려가다 잠깐 물을 마시면서 바위에 앉아 쉴 때였다. 작은 폭포처럼 물이 떨어지는 계곡 바위 위에 조그만 까만 새 한 마리가 분주하게 물속을 들어갔다 나왔다 하는 것이 아닌가! 처음에는 작은 물웅덩이에서 참새가 목욕하듯 그 새도 계곡물에서 목욕을 하는 것이라고 생각했다. 하지만 자세히 보니 입에 뭔가를 물고 물에서 나오는 때가 있었다. 동작이 빨라 자세히 볼 수는 없었지만 새는 계곡물 주위를 부지런히 왔다 갔다 하면서 가끔 나를 쳐다보며 눈치를 보는 듯했다.

어느 정도 쉬고 난 후 다시 계곡을 따라 내려가려는데 이 조그만 까만 새가 나를 앞질러 파드닥하고 조금 날아가서 다시 바위에 앉는 것이었다. 그러다가 내가 조금 더 내려가면 또 앞질러 날아가 앉곤 했다. 마치 곤충인 길앞잡이[3]가 사람들이 가는 곳을 앞서 날아가는 것 같은 행동이었다. 한참을 그렇게 작은 새와 내가 같이 계곡을 따라 내려가다가, 한순간 그 귀여운 녀석은 물 위로 스치듯이 날아올라 다시 상류 쪽으로 올라갔다. 이 새의 정체가 궁금해서 나중에 찾아보니 그것은 물까마귀였다. 물까마귀가 당시 왜 그런 행동을 내 앞에서 했는지는 모른다. 다만 길을 잃어 조금은 불안하고 걱정스러운 마음이었는데, 물까마귀와 함께했던 시간 동안은 그 새가 나에게 길을 인도하면서 위안을 주는 것처럼 느꼈던 기억이 따뜻하게 남아 있다. 살아가면서 가끔은 마치 동화처럼, 꿈처럼 기억되는 그런 순간들이 있다.

물까마귀는 아마도 계곡물에서 잠수하며 물속에 사는 날도래 유충 등을 사냥했을 것이다. 아마도 새끼들을 키우고 있었는지 모르겠다. 오리처럼 물갈퀴가 있는 새만 물가에 터전을 잡고 물속에 잠수하며 먹이를 잡고 사는 것은 아니다. 물까마귀는 보통의 산새처럼 생겼지만 잠수를 해서 먹이를 잡고 계곡 바위틈 같은 곳에 둥지를 틀고 새끼를 키운다.

나는 물까마귀를 만나고 나서도 한참을 더 계곡을 따라 내려가야 했다. 하산하는 도중에 커다란 바위벽 한편에 과일을 비롯한 약간의 음식이 놓여 있고, 흘러내린 촛농이 그 앞에 붙어 있는 곳을 발견했다. 아마도 산에 드나드는 무속인이나 동네 할머니가 계곡의 큰 바위 아래 치성을 드리는 곳이었을 것이다. 아침 이후로 아무것도 못 먹고 거의 7시간 가까이 험한 산속을 헤매고 다녀 체력 소모가 심했던 터라, 거기에 놓여 있던 사과 하나를 먹었다. 제사 지낼 때 과일의 일부를 베어 상 위에 놓는 것처럼 윗부분은 약간 칼로 잘려 있었지만 계곡물에 깨끗이 씻은 다음 맛있게 먹었다. 산신령님도 산속에서 길을 잃은 채 굶주린 배를 채우는 청년을 용서하셨을 것이다. 그렇게 허기를 면하고, 이제 사람의 흔적을 발견했으니 인가 가까이 왔다는 것도 알 수 있었다. 조금만 더 가면 되는 것이다. 그러고 나서 한 시간 정도 더 내려가니, 마을 사람들이 지나다니는 조금 넓은 산길이 나왔고 좀 더 걸어가니 발아래 인가가 보였다.

너무 녹초가 된 상태였기에 무언가를 먹어야 움직일 수 있을 것 같다는 생각이 간절했다. 그래서 인심 좋아 보이는 집 대문을 무작정 두드리며 사람을 불렀다. 색이 바랜 초록색 철 대문 뒤로 작은 마당과 여러 꽃들이 있었고 대청마루도 보였다. 아담하고 정갈한 시골집이었다. 반갑게도 할머니 한 분이 소리를 듣고 대문 쪽으로 나오셨다. 나는 할머니에게 자초지종을 말씀드리고 찬밥 남은 것이라도 있으면 염치 불고하고 얻어먹을 수 있겠냐고 부탁을 드렸다.

역시 산골 인심은 후했다. 잠깐만 기다리라고 하시더니 밥공기에 고봉으로 그득 담긴 따뜻하고 푸짐한 밥과 산골에서 나는 여러 가지 나물이며 김치, 된장국까지 정갈한 밥상을 차려 주셨다. 물론 우리네 할머니들이 항상 하시는 '차린 건 없지만 많이 먹으라'는 말씀을 잊지 않으시면서…. 나는 감사하다는 인사를 몇 번이나 드리며 너무나 맛있게 밥과 반찬을 싹싹 비웠다. 모자라면 더 먹으라는 말도 하시면서 혹시 술을 할 줄 알면 집에서 담근 독활주 한잔 하겠냐면서 술도 권해 주셨다. 독활은 두릅나무과의 여러해살이풀로 약초로 쓰는데, 그 뿌리로 담근 술이었다. 나는 독활주도 감사히 받아 마셨다. 밥을 잘 얻어먹고 기운을 차린 나는 할머니께 다시 고마움의 인사를 몇 번이나 드렸다. 할머니는 산 아래 버스 타는 데까지도 꼼꼼하게 가르쳐 주셨다. 나는 거기서 시골 버스를 타고 나가서 다시 시외버스를 타고 진주로 간 듯하다. 그러고는 서울로 가는 버스를 타고 집으로 돌아갔다.

꼬마물떼새

몸길이 약 16cm. 부리는 짧고 검은색이며 아래 부리와 머리가 만나는 쪽인 기부에 주황색 띠가 있다. 몸의 윗면은 회갈색, 아랫면은 흰색이고, 꼬리 끝은 검은색이다. 머리 위와 눈 앞쪽과 뒤쪽, 가슴에서 목둘레쪽으로 검은색 무늬가 있다. 앞이마는 흰색이며 다리는 노란빛이 도는 오렌지색이다. 여름에는 노란색 눈 테가 선명하다. 강변, 냇가, 해안, 호수 주변 등 물이 있는 곳 근처에서 생활하며 곤충류, 지렁이나 갯지렁이, 갑각류, 식물의 씨앗과 열매 등을 먹는다. 우리나라 전역에 흔한 여름철새로 3월 중순에서 9월 하순까지 주로 관찰된다.

댕기물떼새

몸길이 약 30cm. 머리 뒤쪽으로 검은색의 긴 장식깃이 댕기처럼 뻗어 있다. 몸의 윗면은 광택이 나는 진한 녹색이고 아랫면은 흰색이며, 가슴에 넓은 검은색 띠가 있다. 부리는 검고 다리는 붉은빛을 띠고 있다. 논이나 하천 등 습지에서 생활하며 우리나라 전역에서 관찰된다. 곤충류와 갑각류, 지렁이, 연체동물, 식물의 씨앗과 열매 등을 먹는다. 흔하지 않은 겨울철새로 11월에서 이듬해 3월까지 볼 수 있다.

물까마귀

몸길이 22cm 내외로, 몸 전체가 흑갈색이고 꼬리는 짧다. 암컷과 수컷이 비슷하게 생겨 구분이 쉽지 않으며, 어린 새는 암갈색으로 몸에 회백색 반점이 많다. 산속의 바위가 많은 계곡이나 맑은 개울에서 사는 텃새로 수서곤충이나 거미류, 작은 어류 등을 먹는다. 폭포나 흐르는 물속을 드나들면서 빠르게 움직이며 먹이를 찾고 계곡의 바위틈, 폭포 뒤쪽의 바위, 시냇가 벼랑의 쓰러진 나무 밑 같은 곳에 둥지를 틀어 새끼를 기른다. 날개를 이용하여 헤엄칠 때도 있고 물속을 걷거나 흐르는 물을 타고 흘러갈 때도 있다. 날 때는 날개를 빠르게 펄럭이며 물 위를 스치듯 낮게 화살처럼 하류나 상류를 향하여 난다.

1) 이치니치 잇슈, 전선영 옮김, 2022, "동네에서 만난 새", 도서출판 가지 / 장용창, 2022, "꼬마물떼새 육아 일기", 송송출판사 참조

2) 무궁화호나 통일호였던 것으로 기억한다. KTX 고속열차가 나오기 이전에 가장 느린 완행부터 기차의 종류를 보면, 비둘기호, 통일호, 무궁화호, 새마을호의 순이었다.

3) 길앞잡이는 몸길이 2cm 정도로 동네 뒷산 오솔길 같은 데서 볼 수 있는 딱정벌레목의 곤충이다. 광택이 나는 빨갛고 파란 화려한 색깔을 가지고 있다. 사람이 지나갈 때 마치 길을 안내하듯 앞에서 몇 미터씩 날아갔다 앉고 다가가면 또다시 날아가곤 해서 이런 이름이 붙었다. 북한에서는 '길당나귀'라고 불린다고 한다. 김해의 외갓집에 갈 때 긴 둑길 위에서도 가끔 보이곤 하던 곤충이다.

11. 숲과 공원에서 만난 친구들
- 동박새, 오색딱따구리, 청딱따구리,
물총새, 후투티, 꿩

우리나라 남해안과 그 주변 섬들에는 동백나무가 많다. 동백꽃은 늦은 가을부터 시작해 이듬해 봄까지 핀다. 특히 부산은 동백꽃을 시의 상징 꽃으로 삼고 있다. 유명한 대중가요의 가사에도 등장하는 부산의 동백섬은 해운대 해변 한쪽 끝에 있다. 그런데 동백섬은 실제로는 섬이 아니다. 모래 해변 끝에 튀어나온 언덕처럼 생긴 곳으로 육지와 연결되어 있는 땅이다. 육지인데 섬이라고 부르는 것은 동백섬이 육계도이기 때문이다. 아마 학교에서 지리 시간에 배웠을 것이다. 육계도는 섬이었던 곳이 조류와 해중 지형의 영향으로 퇴적물이 쌓여 육지와 연결되는 육계사주가 생기며 만들어지는 지형이다. 동백섬도 원래는 섬이었는데 바로 옆을 흐르는 하천의 영향으로 퇴적물이 섬과 육지를 연결해 형성된 지형이다. 동백섬은 이름에 걸맞게 수령이 오래된 동백나무가 많이 있다. 그리고 동백나무의 꽃에 매달려 꿀을 빨고 살 만큼 아주 작은 동박새가 있다.

동박새는 연두색 몸통에 하얀 눈 테두리가 특징적이다. 빨간 동백꽃들 속에 있으면 색조가 대비돼 더욱 예쁘고 귀엽게 보이는 새이다. 일본에서는 예전에 관상용으로 인기가 있던 새인데 지금은 포획과 사육이 금지되었다고 한다. 일본과 우리나라의 동박새는 같은 종인데,

근연종인 한국동박새도 있다. 동박새는 부산을 비롯한 우리나라 남해안과 서해안 그리고 해안 일대의 섬들과 일본에서도 잘 볼 수 있는 새다. 곤충이 없는 겨울철에 동백꽃은 동박새의 도움으로 수분을 하고 열매를 맺는다. 예전엔 이 동백 열매로 기름을 짜 머릿기름이나 화장품의 재료로 썼다고 한다.

대학을 졸업하고 친구들과 함께 합천의 해인사에 간 적이 있다. 때는 늦봄에서 초여름 정도가 아니었나 싶다. 해인사가 있는 가야산은 국립 공원답게 매우 아름다웠다. 사찰 쪽으로 가는 길옆에 맑은 물이 흐르는 계곡이 있고, 양옆으로는 하늘 높이 치솟은 커다란 아름드리 소나무들이 줄지어 서 있었다. 가야산의 안쪽에 포근하게 자리 잡은 해인사는 가람의 배치가 산세와 절묘하게 어울리게 건축되어 있어, 마치 불교에서 생각하는 이상향인 불국정토[1]를 지상에 구현해 놓은 듯한 모습이었다. 그렇게 계곡 물소리를 들으며 일주문[2]을 지나 경내로 들어선 지 얼마 되지 않아서였다.

그야말로 조용한 절간에 어디선가 '딱딱 딱따그르르르' 하는 소리가 들렸다. 소리는 머리 위쪽에서 나고 있었고, 소리 나는 곳을 찾아보니 높은 나무 위에서 오색딱따구리가 부리로 나무를 쪼고 있었다. 큰 나무줄기에 수직으로 매달려 오르내리며 나무를 쪼아댔다. 경내에서는 목탁 소리보다 빠른 박자의 딱따구리 소리가 제법 잘 울려 퍼지고 있었다. 오색딱따구리는 멀리서도 구분하기 쉬운 새이다. 도시의 야산이나 공원의 큰 나무가 있는 곳에서도 종종 보이곤 한다. 딱따구리는 어린 시절부터 TV 만화영화로 접해 익숙한 이름이다.

딱따구리류의 새들은 절 근처나 야산의 큰 나무에서 자주 보곤 하는데 주로 나무의 높은 곳에 있는 경우가 많다. 그런데 이런 딱따구리 중에서 비교적 낮은 곳까지도 내려와 먹이를 찾는 종류가 있다. 그것은 청딱따구리인데, 부산의 한 생태공원에서 큰 풀이 우거진 버드나무 아래쪽에서 발견한 적이 있다.

처음 보았을 때는 딱따구리일 거라는 짐작을 하지 못하고 다른 새인 줄 알았다. 딱따구리류가 낮은 곳에 있을 것이라고는 생각하지 않았기 때문이다. 청딱따구리의 머리와 목은 회색빛이고 몸 윗부분은 연두색에 가깝다. 몸에 초록 기운이 감돌아서 푸르다는 의미의 '청' 자가 이름에 들어가 있다. 청다리도요의 '청'도 이런 초록빛을 말한다. 우리나라에서 '푸르다', '청'의 의미는 파란색과 초록색 둘 다를 혼용해서 쓰고 있다. 왜 그런지 이유를 자세히 알지는 못하지만, '청'은 때로는 녹색을 의미하고 '청바지' 같은 곳에 쓸 때는 파란색을 가리킨다.

파란색을 이야기하니 보석처럼 새파란 아름다운 새를 소개하지 않을 수가 없다. 머리꼭지와 날개 쪽은 청록색이고 머리 뒤쪽부터 몸통과 꼬리까지 광택이 있는 선명한 파란색을 띠고 있는 물총새가 그 주인공이다. 강가나 저수지, 시냇가에 이르기까지 다양한 곳에서 물총새를 볼 수 있는데, 이 조그만 아름다운 새를 만나면 왠지 행운이 올 것 같은 기분이 든다. 물총새는 주로 물고기가 잘 보이는 맑은 물이 있는 곳의 갈대나 나뭇가지 위, 배를 대는 강가의 나무 말뚝 같은 곳에서 볼 수 있다. 그곳에 가만히 앉아 있거나 혹은 그 위에서 잠시 정지비행을 하다가 정말 로켓처럼 물속으로 내리꽂으며 다이빙하면서 물고기를 잡는다. 얼마나 물고기 사냥을 잘하면 영어 이름으로는 '킹피셔 Kingfisher'라고 부른다.

이 고기잡이의 왕은 도심 주변의 하천변에서도 종종 목격할 수 있다. 서울 도심에서도 하천 다리 위에서 물속으로 내리꽂으며 물고기를 사냥하던 물총새를 본 적이 있다. 물총새는 우리나라의 여름철새인데 요즘은 겨울에도 물총새를 볼 때가 있다. 겨울에도 얕은 물이 잘 얼지 않아 물고기를 계속 사냥할 수 있어서 월동지로 떠나지 않는 개체들이 있는 모양이다.

이렇게 여름철새이면서 겨울에도 심심찮게 보이고, 요즘은 도심 공원 등에서도 자주 관찰할 수 있는 새로 후투티가 있다. 겨울에는 동남아 등지에 있다가 우리나라가 따뜻해지면 찾아오던 여름철새인데, 요즘은 거의 사시사철 볼 수 있다. 공원 잔디밭 같은 곳에서 인디언 추장 머리를 한 이상하게 생긴 새를 봤다는 목격담이 흔해졌다. 주로 노란 갈색 몸통에 검은색 줄무늬가 선명하고 머리깃 모양이 아메리카 원주민 깃털 장식처럼 생겨서 멀리서도 구분이 쉽게 되는 새다. 땅강아지나 지렁이 같은 좋아하는 먹이를 찾기 위해 땅에 내려앉아 걸어 다니곤 한다. 후투티는 '후툿 후툿' 하는 우는 소리 때문에 붙여진 이름이라고 한다. 예전엔 외국어인 줄 알았는데 순우리말 새 이름이다.

흔히 눈에 보이는 참새, 까치, 집비둘기, 직박구리 같은 새들 외에도 숲으로 조금 들어가 관찰해 보면 여러 종류의 새들이 제법 눈에 띈다는 것을 알 수 있다. 그리고 눈으로 직접 보지는 못하더라도 다양한 새소리가 들린다. 다만 새소리로 어떤 새인지를 알아내는 것은 제법 탐조에 관심을 가진 이후라야 되겠지만 말이다. 도심의 공원 숲이나 약수터가 있는 동네 야산에서 흔히 들을 수 있는 새소리 중에 여름 낮에는 뻐꾸기, 밤에는 소쩍새 등이 있고 제법 들을 수는 있지만 사람들이 일반적으로 잘 알지 못하는 새소리로 꿩 우는 소리가 있다.

꿩은 예로부터 사냥을 많이 당하는 새라 항상 주의를 기울여 수풀 속에 은신하고 사람이나 다른 동물의 조그만 기척에도 놀라 빠르게 달리다가 날아서 도망간다. 예민하고 잘 숨는 새이기 때문에 쉽게 보기는 어렵다. 하지만 멀리서 들리는 소리는 제법 흔하게 들을 수 있다. 다만 요즘은 사람들이 그것이 꿩 소리라는 것을 잘 모를 뿐이다. 꿩은 "꿕 꿩꿩~~" 하고 우는 울음소리에서 나온 이름이다. 수풀 속에 있다가 사람 기척에 놀라 꿩이 도망갈 때 "꿩꿩~" 하고 제법 우렁찬 소리를 내며 날아오른다. 수컷인 장끼가 크게 우는 편이고 암컷인 까투리는 "츳 츳" 하는 낮은 소리로 조금 작게 운다. 어린 시절부터 최근에 이르기까지도 도시의 생태공원은 물론 학교 뒷산이나 산책로가 있는 숲길 등 여러 장소에서 꿩 소리는 흔하게 들어 봤다.

앞서 얘기한 매사냥에서도 주로 사냥하는 동물이 꿩인데 맛도 좋거니와 날 수는 있지만 나는 것이 다른 새들에 비해 서툴고 주로 땅 위에서 생활하는 새라 예로부터 사냥감으로 적합했을 것이다. 꿩은 고기가 담백하고 맛이 좋아 우리나라에서 오래전부터 여러 요리 재료로 쓰였다. 꿩고기로 만두나 탕, 구이 등 여러 가지 음식을 만들어 먹었다. 꿩고기가 맛있지만 그래도 흔치는 않았기에 '꿩 대신 닭'이라는 속담도 있는 것이다. 꿩은 아주 오랫동안 우리나라 사람과 문화 속에서 밀접한 관계를 맺어 온 친근한 새이다. 그래서 꿩에 얽힌 다양한 설화나 속담, 그림이나 문양 등이 존재한다. 우리가 흔히 아는 속담에 '꿩 먹고 알 먹는다.', '꿩 잡는 매'와 같은 것은 대표적이며 조선 시대의 소설 "장끼전"은 꿩을 의인화한 주인공으로 하여 당시의 사회상을 풍자하기도 했다.

 어린 시절, 아마도 내가 여덟 살인가 아홉 살 때쯤 아버지와 나는 집에서 기르던 개를 데리고 동네 야산 약수터에 간 적이 있었다. 그때 아버지께서 "저기 꿩이다." 하며 나에게 가르쳐 주셨고 우리 집 강아지는 그 꿩을 쫓아갔다. 꿩은 그때 역시 울음소리를 내며 재빨리 숲길 아래로 달리다가 날아서 도망갔다. 어린 시절 이른 아침 뒷산 약수터에 가면 꿩도 있었고 다람쥐나 멧토끼를 보기도 했다. 꿩은 도심의 산에서도 볼 수 있을 정도로 우리나라 전역의 숲에서 흔히 볼 수 있는 새인 것이다.

 대학에서 내가 다니던 단과대 건물 뒤에는 숲이 있었고 등산로를 따라가면 '안산'이라는 야트막한 산이 있고 무악재를 지나 다시 인왕산으로 이어졌다. 그 숲에서는 다람쥐도 볼 수 있었고 꿩 울음소리도 흔하게 들렸고 실제로 모습도 볼 수 있었다. 서울의 도심에 있는 학교 뒷산 숲에도 꿩이 살고 있었던 것이다. 지금은 그곳에 건물들이 들어서 있지만 당시에는 예쁜 숲이 있었고 수양버들이며 노란 붓꽃이 피는 연못도 있었다. 그 연못은 찾는 사람이 드물어 가끔 연못가 벤치에 앉아 이어폰으로 음악을 들으며 책을 보기 좋았다. 어느 날 나는 평소 좋아하던 여학생에게 그곳을 보여주고 싶어 데려간 적이 있었다. 그러나 우리가 도착했을 때 그곳은 커다란 굴삭기가 흙으로 연못을 메우고 있었다. 아름답던 연못은 아수라장이 되고 있었고 나는 망연자실

하여 어찌할 바를 몰랐다. 좋아하던 이에게 나만의 예쁜 비밀장소를 보여주려던 계획은 엉망이 됐고 그 모습을 보던 여학생도 당황했지만 오히려 나를 위로해 줬었다. 대학에서는 그 숲이 있던 자리에 새로운 건물을 짓기 시작했던 것이다. 다람쥐가 뛰어놀고 봄이면 꿩 소리가 우렁차던 나의 숲과 연못은 그렇게 사라졌고 그해 나의 연애 사업은 실패로 돌아갔다.

동박새

몸길이 약 12cm 정도의 작은 새로, 우리나라 중부 이남의 해안과 섬 등지에서 흔히 볼 수 있는 텃새이다. 몸의 윗면은 어두운 황록색이고 눈의 바깥 둘레에는 흰색 테가 있다. 목은 노란색이고 배는 흰색, 옆구리는 혼탁한 흰색과 연한 갈색빛이다. 부리는 검은색인데 아래로 약간 휘어져 있고 아래 부리의 기부는 연한 회색이다. 동백나무 등 상록수림이 울창한 곳이나 인가 주변에 서식하며, 거미류와 곤충류, 작은 나무 열매, 동백꽃이나 매화의 꿀 등을 먹는다.

오색딱따구리

몸길이 20~24cm. 암수 모두 이마에 흰 띠가 있고 등과 꼬리 가운데 부분은 까맣고, 꼬리 바깥 부분 옆으로 하얗고 검은 반점이 있으며, 등 뒤에 V자 모양의 크고 하얀 무늬가 있다. 목 앞쪽과 가슴은 흰색이고 배 아래쪽과 꼬리 아랫부분은 붉은색이다. 수컷은 머리가 전체적으로 검은 편이나 머리 뒷부분만 붉은색이며, 암컷은 머리와 이마가 모두 검은색이다. 곤충류나 거미류, 식물의 열매와 씨앗 등을 먹는다. 전국의 나무가 많은 야산과 숲, 공원, 버드나무 군락지 등에서 일 년 내내 관찰이 가능한 텃새다.

청딱따구리

몸길이 25~30cm. 머리는 회색, 목 앞쪽은 흰색, 배는 녹색을 띤 연한 회색이다. 눈 앞쪽으로는 검은 선이 있다. 몸의 윗면은 연한 녹색이고 등과 날개는 더 진하다. 첫째 날개깃은 검은색인데 흰색 반점이 있다. 수컷은 앞이마가 붉은색이다. 곤충류를 주로 먹으며 특히 개미를 좋아한다. 그밖에 거미류와 열매, 씨앗 등도 먹는다. 비행할 때는 직박구리처럼 뚜렷한 파도 모양을 그리면서 난다. 일부 도서 지역을 제외하고 우리나라 전역에서 번식하는 텃새로, 산림이나 인가 주변의 야산에서 서식한다.

물총새

몸길이 16~18cm. 머리에 흰 반점 무늬가 많으며 목 앞쪽과 귀 뒤는 흰색이다. 몸 윗면은 광택이 있는 밝은 녹청색이고 등에서 허리까지는 파란색이며 귀 쪽과 배는 적갈색이다. 수컷의 부리는 모두 검은색이나 암컷은 아래 부리가 주황색이다. 다리는 짧고 붉은색이며 발가락 일부가 서로 붙어 있다. 부리와 머리가 몸에 비해 매우 크다. 계곡과 하천, 호수 등에서 단독으로 생활한다. 물 위의 나뭇가지나 나루터 말뚝 같은 높은 곳에 앉아 있다가 물고기를 발견하면 곧바로 물속으로 뛰어들거나, 수면 2~3m 위에서 정지비행을 하다가 급강하하여 물고기를 잡는다. 잡은 물고기는 입에 물고서 나뭇가지나 말뚝에 앉아 세게 후려쳐 기절시키거나 죽이고 난 후 먹는다. 먹이는 이렇듯 작은 어류나 수서곤충류, 거미류 등을 먹는다. 우리나라 전역의 물가에서 흔히 볼 수 있는 여름철새이며 일부는 텃새이기도 하다.

후투티

몸길이 25~30cm. 머리에는 큰 머리깃이 있고 부리는 길며 아래쪽으로 구부러져 있다. 몸 색깔은 살구색이고 날개는 흰색에 검은 줄무늬가 있으며 몸에 비해 크고 넓다. 꼬리는 검은색인데 흰색 띠가 하나 있다. 보통 때는 머리깃이 뒤로 누워 있으나 놀라거나 흥분했을 때는 높게 세운다. 도요새처럼 부리가 구부러진 것은 땅속에 있는 벌레를 잡아먹기 쉽게 발달한 것으로 보고 있다. 농경지나 과수원, 강변 등 인가 주변의 개방된 환경에 살며, 걸어 다니면서 땅속의 애벌레나 곤충류, 거미류, 지렁이 등을 잡아먹는다. 우리나라에 흔한 여름철새이며 나그네새이나, 최근 월동하는 개체수가 많아지며 거의 일 년 내내 볼 수 있다.

꿩

몸길이는 수컷이 80cm, 암컷은 60cm 정도이다. 수컷은 장끼, 암컷은 까투리, 새끼는 꺼병이라고 부른다. 수컷인 장끼는 얼굴에 닭 볏처럼 붉은색 피부가 드러나 있고 머리 양쪽에 뿔처럼 보이는 깃이 있다. 목은 광택이 있는 짙은 청록색이고 고리 모양의 흰색 띠가 있다. 허리 부분은 회색빛이고 가슴과 등은 황갈색이 섞인 바탕에 검은색 점이 흩어져 있다. 꼬리깃은 아주 길고 갈색 바탕에 검은색 가로줄 무늬가 있다. 발목 뒤에 날카로운 며느리발톱이 있어 싸울 때 사용한다. 암컷인 까투리는 온몸이 황갈색 바탕에 흑갈색 무늬가 있다. 우리나라 전역의 야산과 들, 농경지 등에 사는 흔한 텃새로 나무 열매, 풀씨, 곡식, 새싹 등과 지렁이, 곤충류, 거미류 등 다양한 먹이를 먹는 잡식성이다.

1) 번뇌가 없는 안락하고 청정한 세계를 말하며 자기완성의 세계요, 청정한 대중들이 모여 사는 불보살의 나라를 말한다. 모든 불교의 주목적이 이 정토 건설인데 열반의 세계를 자신의 한계에 절망하는 중생의 눈높이에 맞추어 구체화한 이상향을 극락정토라 한다. 대한불교조계종 교육원 엮음, 2022, "불교 개론", 조계종출판사

2) 절 입구에 있는 문으로 그 문 안으로는 사찰의 경내가 된다. 주택으로 치면 대문 같은 것이다. 속세와 사찰의 경계로, 절로 들어가는 첫 번째 문이다.

12. 파란 달개비꽃과 실개천이 있는 풍경
- 제비, 딱새, 박새,
곤줄박이, 붉은머리오목눈이

　제비는 참새와 함께 사람들이 살아가는 곳 근처에 사는 가장 친숙한 새였다. 참새는 아직 도심에서도 흔하게 볼 수 있지만, 제비는 더 이상 그렇지 않다. 참새는 작은 곤충들은 물론 풀씨나 곡식 낟알 등 먹이를 가리지 않는 편이다. 이는 사계절 어느 곳에서나 살아남기 좋은 조건이다. 그러나 제비는 낟알을 먹지 않고, 날아다니면서 입을 크게 벌리고 파리, 모기, 벌, 잠자리 등의 곤충을 잡아먹는다. 그리고 진흙을 묻힌 지푸라기나 작은 식물 줄기로 농가의 처마 밑 같은 곳에 집을 짓고 새끼를 기르는 습성을 가진 여름철새다.

　제비의 개체수가 줄어든 것은 주로 급격한 도시화 때문이다. 농경지가 줄어들고, 건축물들은 콘크리트로 둘러싸여 제비가 둥지를 지을 때 쓰는 지푸라기와 진흙을 구하기 어려워졌다. 게다가 농사를 지을 때 농약을 많이 살포해 제비의 먹이가 되는 곤충들도 없어져 제비들의 개체수가 급감하게 된 것이다. 이제 도심은 물론이고 근교의 시골에서도 제비는 흔한 새가 아니다. 하지만 내가 어릴 때만 해도 시골뿐만 아니라 도시에도 제비가 흔했다. 응답하라 시리즈[1]와 같은 TV 드라마에도 나오지만, 대도시에도 예전엔 아파트보다 일반 주택이 많았다. 그래서 제비들이 도심의 주택에 집을 많이 지었다. 어린 시절, 동네 친구 집의 처마에 제비 둥지가 있었던 기억이 난다. 거기엔 머리에 부숭부숭 털이 나 있는 새끼들이 몇 마리 있었다. 그렇게 귀엽고도 우스꽝스러운 머리를 제비집 밖으로 내밀고 있다가 어미 새가 먹이를 물어 오면 커다랗게 입을 벌리고 재재거리는 모습을 보곤 했었다.

집주인들은 보통 제비를 길조로 여기고 좋아했다. 그래서 둥지 바깥쪽으로 하얀 새똥이 쌓여도 제비집을 부수지 않고 그대로 두는 것은 물론이고, 둥지가 떨어지지 않게 나무판자 등을 받쳐 주기도 했다. 나무판자는 새똥이 떨어지는 것도 막아 주고 어미 제비도 앉을 수 있게 해 주었다. 보통 학이라고 부르는 두루미가 조선 시대 양반들의 사랑을 받은 새라면, 제비는 일반 서민들이 아끼고 돌봐 주던 새였다. 그래서인지 여러 이야기와 속담에 학과 더불어 제비 이야기가 많다. 대표적으로 박씨를 물고 와 보은한 제비 이야기로 유명한 판소리계 소설 '흥부전'이 있고, "봄이면 강남 갔던 제비가 돌아온다."라는 옛말도 있다. 여기서 강남은 중국 양쯔강 남쪽을 말한다. 즉 여름철새인 제비가 중국 화남 지역 이하 대만이나 동남아시아 등에서 월동하고 번식지인 한국이나 일본, 중국 북부 쪽으로 오는 것을 말하는 것이다.

제비는 동양에서뿐만 아니라 전 세계적으로도 사람들과 친숙한 새라 서양에서도 여러 동화나 이야기에 많이 등장한다. 오스카 와일드의 동화 '행복한 왕자' 이야기는 우리에게도 친숙하다. 불쌍한 사람들에게 자신의 모든 것을 내어주는 왕자의 동상과, 이 왕자의 부탁을 들어주며 따뜻한 남쪽으로 돌아갈 시기를 놓쳐 결국은 사랑하는 왕자 옆에서 얼어 죽게 되는 제비의 이야기이다. 진정한 행복과 헌신이라는 주제를 다룬 동화다.

제비와 참새처럼 사람들과 가깝게 사는 친숙한 새들로 딱새와 박새, 곤줄박이 등이 있다. 어린 시절 시골 외갓집 옆으로는 실개천이 흘렀고, 다시 그 옆으로 탱자나무 울타리가 있는 집이 있었다. 탱자나무는 단단하고 뾰족한 가시가 아주 많고 가지가 빽빽해 심어 놓으면 사람의 접근이 힘든 자연의 울타리가 되었다. 이 울타리는 작은 새들에게 고양이나 맹금류의 공격을 막아주는 천연의 요새라고 할 수 있다. 그래서인지 탱자나무 울타리 근처에는 항상 작은 새들이 많아 지저귀는 소리가 쉴 새 없이 들렸다.

아침에 일어나 실개천 쪽으로 가면 탱자나무 부근에 거의 어김없이 노란 딱새가 있었다. 잎과 잔가지가 초록색인 탱자나무와 대비되는 딱새의 노란색 배가 선명했고, 터는 것처럼 까딱거리는 꼬리도 너무 귀여웠다. 딱새는 도시에서도 흔히 볼 수 있다. 공원이나 마당이 있는 집 나무에서도 종종 보이곤 한다. 암컷은 거의 회갈색이지만 주황색이 감도는 샛노란 색인 수컷의 배는 한 번 보면 잊을 수 없다.

사람들 주변에 사는 작은 새들 중 참새 다음으로 많이 보이는 새가 박새이다. 그래서 박새의 이름을 아는 사람도 많다. 뺨과 배가 하얀색인 박새는 까만 모자를 쓰고 검정 목도리를 두른 것 같은 모습이다. 박새는 특히 사람들이 사는 주변에 둥지를 잘 튼다. 전원주택 우편함이나 농막 안 선반, 심지어 걸어 놓은 오토바이 헬멧 안 같은 곳에도 집을 짓고 새끼를 키우기도 한다. 인간에게 친숙하고 스스럼없이 사는 모습에 박새를 귀여워하는 사람들이 많다.

이렇게 사람들에게 친숙한 새 중 또 하나로 곤줄박이가 있다. 이 새

역시 사람들이 자주 보긴 했어도 이름을 정확하게 아는 사람은 많지 않다. 곤줄박이는 농가 근처나 산속의 사찰 주변에서 많이 보인다. 어느 TV 프로그램에서 스님을 찾아온 곤줄박이를 본 적이 있다. 산속에서 혼자 암자를 지키고 있는 스님이 아침마다 기도를 드리고 난 후 차를 마실 때 곡식 낟알과 땅콩 같은 견과류를 상에 놔두면 산속의 새들이 찾아와 먹고 스님 머리 위에도 앉는 것이었다. 이때 스님에게 가장 잘 다가오는 새가 곤줄박이였다. 그런데 박새에 익숙한 사람이 곤줄박이를 보면 배가 붉은 갈색을 띤 박새처럼 보인다고들 한다. 크기나 출몰하는 데가 비슷하기 때문일 것이다. 실제로 곤줄박이와 박새들이 같이 어울려 있는 모습도 심심찮게 볼 수 있다.

어렸을 때 김해의 외갓집 부근에는 탱자나무와 더불어 싸리나무로 된 울타리도 많았다. 그리고 강변으로 나가면 갈대와 물억새 같은 긴 풀이 무성했다. 이런 관목이나 긴 풀 속으로 재빠르게 움직이며 날아다니는 아주 작은, 참새보다 더 작은 조그만 새들이 있었다. 어른들은 이 새를 보통 뱁새라고 불렀다. "뱁새가 황새 따라가다 가랑이가 찢어진다."라는 속담에 등장하는 새인데 붉은머리오목눈이가 바로 그 뱁새다. 붉은머리오목눈이는 동그랗게 보이는 머리와 몸통을 가지고 있으며, 몸통에 비해 긴 꼬리를 재빠르게 움직이며 가까운 거리를 쉴 새 없이 날아다니곤 한다. 작고 동그란 눈과 몸통이 매우 귀여워 보인다. 여름철새인 뻐꾸기는 주로 이 붉은머리오목눈이의 둥지에 탁란(托卵)[2]을 한다. 요즘도 이 귀여운 새는 공원이나 주택의 정원에서 종종 볼 수 있고, 무리 지어 재잘거리며 관목 사이를 오가며 날아다닌다.

나는 어려서부터 야외로 나가 자연 속에 있는 것이 너무 즐거웠다. 당시에는 대도시에 살아도 집이나 학교 근처에서 조금만 나가면 야산이 있었고, 그 아래 논이나 밭 같은 농경지도 제법 남아 있었다. 산으로 올라가면 계곡도 있었고 바닷가 근처에서 살기도 했다. 외갓집을 비롯한 인근 시골에 가면 크고 작은 나무들과 우거진 풀숲, 조그만 시내나 연못, 계곡이 있었고, 갯바위가 있는 바닷가도 있어서 여러 가지 새와 곤충을 비롯한 다양한 동물들을 볼 수 있었다.

아버지는 함경도가 고향인 실향민이었고 어머니는 부산에서 낙동강을 건너면 닿는 김해가 고향이었다. 김해에 있었던 외갓집은 대문을 나서면 흙과 자잘한 자갈(그 속엔 재첩 껍데기도 수북이 섞여 있었다)로 된 골목길이 있었다. 그 길을 따라 나가면 조그만 실개천이 흘렀다. 실개천 가에는 분홍색 여뀌와 새파란 달개비[3] 꽃이 예쁘게 피어 있었고 붕어와 우렁이가 살았고 가끔 메기나 가재가 보이기도 했다.

실개천 옆에는 마을 앞 신작로로 나가는 길이 있었고, 다시 그 옆으로 그리 크지도 작지도 않은 적당한 크기의 연못이 있었다. 나중에 알게 된 사실이지만, 그 연못은 마을에 불이 났을 때 의용 소방대에서 물을 가져다 쓰기 위해 만들어진 물웅덩이였다고 한다. 세월이 흘러 소방서가 그 일을 담당하게 된 다음에는 그냥 물이 고여 있는 연못이 되었다. 그 연못은 여름이 되면 연잎이 가득하게 올라와 연꽃이 아름답게 피었다. 개구리밥이나 수초들이 많아 개구리나 두꺼비 같은 양서류, 게아재비, 장구애비, 물방개 같은 수서곤충들도 있었고, 떼를 지어 물 위쪽으로 유영하던 송사리와 붕어, 버들붕어, 메기 같은 각종 어류도 있었다. 그래서 연못과 그 주변은 새들도 많이 찾아오는 작은 생태 천국이었다. 그리고 신작로 옆으로는 곧게 난 농수로(여름이면 동네 개구쟁이들이 여기에서 멱을 감곤 했다)가 둑을 따라 길게 흐르고 있었고, 둑을 넘으면 밭과 습지가 있어 갈대와 부들, 물억새 같은 긴 풀들이 자라고 있었다.

둑 너머의 그곳은 낙동강 삼각주의 범람원이며 배후 습지였다. 인공적으로 만든 길게 이어진 둑의 바깥에 위치해 있어 낙동강이 범람하면 물에 잠기는 지역인데, 그런 곳에 사람들이 들어가 배추 같은 밭작물들을 심고 있었다. 여름에 비가 많이 오면 수해를 당할 확률이 높은데도 말이다. 그런 일이 일어나면 사람들은 홍수로 인해 피해를 입었다고 했다. 하지만 범람원까지가 모두 강의 영역이며, 비가 많이 오면 물이 차 들어오는 자연 지형인 것이다. 거기에 사람이 들어가서 작물을 재배하는 것은 화를 자초하는 일이다. 인간의 욕심으로 경작지를 넓히다 보면 그런 일이 생긴다. 그 너머로는 강가 모래밭이 보이고 폭이 넓은 낙동강이 유유히 흐르고 있었다.

외갓집의 뒤쪽으로는 제법 큰 나무들이 있었고 거기를 지나 조금 더 가면 다시 작은 하천이 있었다. 낙동강처럼 크고 깊지 않은 조그맣고 얕은 하천이었다. 동네 사람들은 거기를 뒷강이라고 불렀다. 뒷강에는 마름과 검정말, 나사말 같은 수초들이 빽빽했고, 가을이면 민물 새우들이 바가지로 퍼서 잡아도 될 정도로 득실거렸다.

지금은 뒷강은 농업용 관개수로 역할만 하고 있고 실개천 옆 연못은 메워져 큰 마을회관 건물이 서 있다. 낙동강가의 모래밭은 수변 생태 공원과 주차장으로 변해 버렸고, 농수로와 실개천도 복개되거나 없어졌다. 나이가 들어 다시 찾아가 본 외갓집은 인공적인 아스팔트 도로

와 콘크리트 길 등으로 너무 많이 변해 있었다. 달라진 자연으로 인해 도처에서 볼 수 있었던 새와 여러 생물들은 볼 수가 없었다. 추억 속의 정겹고 아름다운 시골 풍경은 완전히 사라졌다.

하지만 아직도 눈을 감으면 어린 시절에 보았던 아름다운 풍경들이 생생히 떠오른다. 여름에 집 처마에 둥지를 틀어 새끼를 기르던 제비, 실개천 옆에 파란색으로 예쁘게 피어 있던 달개비꽃과 시골집의 탱자나무 울타리, 그 위에 앉아 꼬리를 까딱이던 노란 딱새, 외갓집 사랑채 뒤에서 자주 볼 수 있었던 박새, 그리고 싸리나무 울타리와 갈대밭에서 바삐 움직이던 붉은머리오목눈이 그리고 곤줄박이. 이 모든 기억들이 어제처럼 새록새록 떠오른다.

어머니는 오랫동안 치매를 앓다가 돌아가셨다. 병이 깊어 갈수록 조금씩 기억과 감정을 잃은 무표정한 얼굴로 변해 갔다. 하지만 어린 시절 동요는 돌아가시기 전까지도 기억하고 노래로 부르곤 하셨다. 초점 없는 눈동자를 하고 있을 때에는 과연 지금 어머니의 머릿속에는 어떤 세계가 있을까 하는 생각을 하곤 했다. 사랑하는 사람들은 물론 자신에 대한 기억마저 점점 잃어 가는 슬픈 병세 속에서 어떤 생각을 하고 어떤 기억을 떠올렸을까? 동요는 고향을 노래하고 어린 시절을 추억하게 하는 것들이 많다. 어린 시절 친구들과 함께 뛰놀던 강과 들, 마당에 핀 꽃들과 담장에 앉아 지저귀는 작은 새들 – 이런 풍경들이 어머니의 기억 속에 남아 있지 않았을까? 인간이 마지막 숨을 다하는 순간까지 생각나는 것이 있다면 아마도 이런 추억의 장면들이 아닐까 하는 생각을 해 본다.

제비

몸길이는 18cm 정도. 참새와 더불어 사람과 가장 가까운 새 가운데 하나다. 머리와 등, 날개는 파란 광택이 도는 검은색이며 이마와 멱은 붉은 갈색이다. 가슴과 배는 흰색 또는 붉은빛이 도는 흰색이다. 날개는 끝이 뾰족하고 꼬리는 길고 가운데가 파여 두 갈래로 갈라져 있다. 우리나라와 일본, 중국, 러시아 등에서 새끼를 치고 겨울에는 동남아시아나 오스트레일리아로 가는 여름철새이다. 하늘을 날아다니며 입을 벌리면서 나방이나 파리, 모기, 잠자리 같은 곤충들을 주로 잡아먹는다. 참새와는 달리 곡식 낱알을 먹지 않아 제비가 집에 둥지를 틀면 풍년이 든다고 농부들이 좋아하는 새다. 예전에는 전국 어디서나 흔했으나 농경지가 줄어들고 농약으로 인해 먹이가 되는 곤충들이 사라져 최근에는 개체수가 급감해 갈수록 보기 힘든 새가 되고 있다.

딱새

몸길이 14~15cm. 암수 모두 날개에 흰 반점이 있다. 수컷은 머리에서 뒷목까지 회백색이며 얼굴, 턱밑, 멱과 중앙 꼬리깃이 검은색이다. 몸 아랫면을 비롯한 나머지는 노란빛이 강한 주황색이다. 암컷은 전체적으로 연한 갈색이며 몸 아랫면 색이 약간 옅다. 날개의 흰 반점은 수컷보다 작고 허리와 꼬리 부분이 주황색을 띤다. 곤충류와 식물 씨앗 등을 먹으며 앉아 있을 때 머리와 꼬리를 까딱거리는 것이 특징이다. 숲 가장자리나 공원, 인가 주변의 관목에서 서식한다. 우리나라 어디서나 흔히 볼 수 있는 텃새다.

박새

몸길이 13~15cm. 배는 흰색이고 가운데에 검은색 띠가 있다. 수컷은 이 검은색 띠가 넓고 암컷은 좁다. 등은 회색이고 어깨 주위는 연두색을 띤 옅은 노란색이다. 날개는 회색이고 흰색 띠가 있다. 나무 위나 땅에서 곤충이나 거미류, 식물 씨앗 등을 먹는다. 산림과 공원, 인가 주변 관목림 등 다양한 환경에서 산다. 우리나라 어디서나 흔히 볼 수 있는 텃새다.

곤줄박이

몸길이 13~14cm. 머리 꼭대기에서 뒷목까지 검은색이며 얼굴은 옅은 황백색이다. 멱은 검은색, 등과 배는 뚜렷한 적갈색이며 멱 아래 배 쪽 가운데는 옅은 황백색이다. 날개와 꼬리는 청회색이다. 나뭇가지에 앉아 딱딱한 씨앗을 부리로 망치질하듯 두들겨 까먹는다. 나무껍질, 돌 틈, 땅속에 열매를 감추어 두는 습성이 있고, 호기심이 많아 견과류를 주는 인간의 손 위에 앉기도 한다. 우리나라 전역의 산림, 사찰과 인가 주변에서 서식하는 흔한 텃새다.

붉은머리오목눈이

몸길이 13~14cm. 몸은 전체적으로 갈색이며 정수리와 날개 부분이 적갈색이다. 부리는 짧고 뭉툭하며 전체적으로 흑갈색이나 끝부분이 밝은 빛이다. 작은 체구에 비해 거의 몸통 길이만 한 긴 꼬리를 가지고 있다. 주로 곤충과 거미류를 잡아먹고 겨울철에는 갈대에 매달려 씨앗 등을 먹는다. 산림 가장자리, 덤불, 갈대밭, 관목림 등에 서식한다. 주로 관목이나 갈대, 키가 큰 풀 줄기 사이에 높은 밥그릇 모양으로 둥지를 만들어 번식한다. 전국에 흔한 텃새다.

1) 2015년 11월에서 이듬해 1월까지 방영한 tvN 드라마 '응답하라 1988'의 경우 주택이 많은 서울 쌍문동 골목길이 공간적 배경이다.

2) 주로 뻐꾸기목의 일부 새들에게 나타나는 습성인데 남의 둥지에 알을 낳아 자신의 새끼를 다른 새가 키우게 하는 기생 번식 방법이다.

3) '닭의장풀'이라고도 한다.

글쓴이의 말

어머니와 누나의 손을 잡고 외갓집에 가기 위해 걷던 강변의 둑길과 그 아래 갈대가 우거져 있던 범람원의 배후 습지에서 보던 철새들. 여름철 외갓집에서 동네 아이들과 함께 앞개울에서 멱을 감을 때 그 근처를 맴돌던 왜가리와 백로들. 집 근처의 큰 나무나 전신주 꼭대기에 앉아 쥐를 잡아먹고 있던 솔개나 말똥가리 같은 맹금류들. 아버지와 함께 뒷산 약수터에 갈 때나 학교를 오갈 때 보던 귀여운 작은 새들. 어린 시절에서부터 지금까지 강과 산 그리고 바다에서 본 여러 새들은 다채로운 기억으로 나에게 남아 있다.

경상남도 김해가 고향인 어머니를 생각하면 외갓집으로 가던 길의 낙동강변이 떠오르고 함경도가 고향인, 외항선을 타는 마도로스였던 아버지를 생각하면 바다와 깊은 산이 항상 떠오른다. 어머니의 고향 강변 새들과 아버지에게서 들었던 깊은 산의 동물들 그리고 바다에 대한 이야기는 소년의 어린 시절을 풍성한 상상의 세계로 인도했었다. 이 책은 이런 실제 경험을 토대로 한 이야기들이면서 새들에 대한 정보와 그림을 동시에 담고 있다. 딱딱한 느낌의 생태 도감이 아니라, 편하게 그림으로 보고 이야기도 읽으면서 새들에 관해서도 조금 더 알게 되었으면 하는 바람으로 만든 책이다.

이 책이 나오기까지 도움을 주신 출판사 그린란드의 김영미 대표,

낙동강하구에코센터 이원호 박사와 관계자 여러분, 같이 새를 보러 가고 사진 자료를 이용하게 해 준 이재웅 감독, 그리고 책의 그림을 그려 준 아내 안희정, 새에 대한 추억으로 이야기를 쓸 수 있었던 원동력이 된 돌아가신 어머니와 아버지, 그리고 우리 가족 모두에게 감사와 존경의 마음을 전한다.

2025년 여름, 홍철영

그린이의 말

나는 도심과 생태를 주제로 회화와 설치미술 작업을 하고 있고. 사라져가고 잊혀져가는 것들을 그림책이라는 매개체를 통해 따뜻하게 남기고 싶은 그림책 작가다. 지금은 부모님과 함께 어린 시절을 보낸 부산 서구에 '예술주택, 홍안의상상'이라는 문화예술공간을 꾸미고, 지역의 잊혀져가는 시간과 풍경을 그림으로 담고 있다. 이 책은 작가인 남편이 들려준 부모님과 함께한 추억의 공간들과 새에 관한 이야기를 듣고, 여러 자료를 바탕으로 해서 그림을 그렸다. 나의 이런 작업이 자연과 지역 그리고 사람을 잇는 작은 다리가 되기를 바란다.

2025년 여름, 분주한 수달이_안희정

용어 설명

※ 이 책에 나오는 새에 관한 생태적 전문용어들은 여러 새 도감과 새의 생태를 다룬 참고문헌을 바탕으로 하여 학계에서 일반적으로 쓰는 표기법에 따랐다.

겨울깃 - 주로 번식 이후 깃털갈이가 완전히 끝난 후의 깃털 형태. 번식기는 일반적으로 여름이므로 번식과 관련 없는 비번식기의 깃을 뜻한다. 우리나라에 오는 겨울철새는 여름에는 북쪽의 시베리아와 같은 툰드라 지대에 머물며 번식을 한다. 이때가 번식기이며 이 시기가 끝나 우리나라에 와서 가을에서 봄까지 머무는 시기는 비번식기이다.

겨울철새 - 가을에 북쪽에서 먹이를 찾아 남하하여 우리나라에서 겨울을 보내고 봄에 다시 번식을 위해 북쪽으로 돌아가는 새들. 대부분의 오리류, 고니류 등이 여기에 속한다.

기부 - 머리와 부리가 만나는 부분. 부리 기부라고도 한다.

꼬리깃 - 꼬리에 나 있는 깃털로, 날 때 몸의 회전, 균형 등을 조절하는 역할을 한다.

나그네새 - 우리나라보다 북쪽인 시베리아, 중국 북부 등지에서 번식하고 겨울을 나기 위해 남반구 쪽으로 이동했다가 다시 번식을 위해 북쪽으로 이동하는 철새들. 주로 봄과 여름의 이동 시기에 우리나라를 잠시 거쳐 가는 새로 통과 철새라고도 한다. 도요새가 대표적이다.

날개편길이 - 새의 날개를 펼쳤을 때 한쪽 날개의 끝에서 다른 쪽 끝까지의 길이.

댕기깃 - 뒷머리 쪽에 나 있는 긴 깃털로, 종에 따라 여러 형태를 띤다. 댕기물떼새, 댕기흰죽지, 비오리 등에서 대표적으로 볼 수 있다.

머리깃 – 윗부리 기부에서부터 이마, 정수리, 뒷머리에 있는 깃털.

멱 – 아래 부리 기부에서부터 턱밑, 목으로 이어지는 부위.

몸길이 – 부리 끝에서 꼬리 끝까지 일직선상의 길이.

물갈퀴 – 발가락 사이에 있는 얇은 막. 헤엄치는 데 편리하게 사용되며 오리류, 갈매기류 등에서 관찰된다.

번식기 – 동물이 새끼를 낳고 키우는 시기. 새의 경우, 구애 행동부터 새끼를 기르기까지의 기간이며 보통 서식지의 봄부터 여름까지이다.

번식깃 – 보통 어미 새의 여름깃 상태로, 겨울 또는 이른 봄에 깃털갈이를 하여 갖게 되는 깃털. 대체로 수컷의 것들이 암컷보다 화려한 경우가 많다.

어미새(성조) – 새가 다 자라 성숙하여 깃털갈이를 해도 깃 색에 큰 변화가 없는 상태이다. 대부분의 조류는 어린새와 어미새의 깃털 상태가 매우 다르다. 대개 1년 이상의 시간이 필요하며 대형 조류의 경우, 5년 이상 걸리는 경우도 있다.

어린새 – 알에서 부화하여 솜털을 벗고 첫 번째 깃털이 완성된 후부터 첫 깃털갈이를 통해 완전한 어른새 깃을 갖추기 전까지 단계의 새.

새끼(새) – 알에서 깬 뒤부터 깃털이 다 갖추어질 때까지의 새. 보통 둥지를 떠나기 전까지를 말한다.

여름깃 – 겨울 혹은 이른 봄에 깃털갈이를 하여 얻어진 깃털. 초여름에 번식을 하기 위한 상태라서 대부분 겨울깃보다 화려한 경우가 많다. 번식깃과 같은 말이다.

장식깃 – 번식기에 나타나는 깃털로 구애, 과시, 위협용으로 사용하며 번식기가 지나면 빠진다.

정수리 – 머리 꼭대기로 머리의 제일 높은 가운데 부분.

정지비행 – 날갯짓을 빠르게 하여 공중의 한 지점에 머물러 있는 비행 형태. 황조롱이, 물총새, 제비갈매기, 때까치 등에서 관찰된다.

턱 - 아래 부리와 멱 사이의 부위.

텃새 - 계절에 따라 먼 거리를 이동하지 않고 일 년 내내 한 지역에서 사는 새. 계절에 따라 동일 지역 내에서 서식지 형태를 바꿔 이동하기도 하지만 범위가 크지 않다.

판족 - 발가락 각각에 독립된 막을 가진 발로 물갈퀴처럼 전체가 연결되어 있지는 않다. 물닭, 논병아리 등에서 발견된다.

활공 - 날갯짓을 하지 않고 공중을 글라이더처럼 미끄러지듯이 나는 비행 형태로 에너지 효율을 높이는 행동이다. 맹금류 등의 큰 새들이 상승기류를 이용하여 몇 번의 날갯짓 후 활공하는 행동을 반복하기도 한다.

참고 문헌

- 김남일·김대환·박운남·박지환·박헌우·정진문·최순규, 2013, "형태로 찾아보는 우리 새 도감", 지성사
- 이우신·조성원·최종민, 2021, "한국의 새 생태와 문화", 지오북
- 김현태, 천지현·이우만 그림, 2019, "새도감 - 세밀화로 그린 보리 큰도감", 도서출판 보리
- 송순찬, 송순광 그림, 2017, "한반도의 새 - 세밀화로 보는 야생조류 540종", 도서출판 한길사
- 이우신·구태회·박진영, 타니구찌 타카시 그림, 2020, "야외원색도감 한국의 새", LG상록재단
- 박종길, 2023, "야생조류 필드 가이드", 자연과생태
- 김성현·최순규, 2024, "우리나라 탐조지 100", 자연과생태
- 멜리사 마인츠, 김숲 옮김, 2023, "깃털 달린 여행자", 도서출판 가지
- 박지택 글·사진, 2018, "송골매, 바다를 지배하다", 투나미스 출판사
- 이원호, 2021, "생태공원 중심, 낙동강하구의 새", 낙동강하구에코센터
- 이원호·박희순·김현우·제지원·임란영, 2021, "2020 낙동강하구에코센터 운영결과 보고서", 낙동강하구에코센터
- 김현우·박성배·박희순·백주형·이원호·김봉준, 2015, "세밀화로 보는 낙동강하구 생물도감", 낙동강하구에코센터
- 반용부·이원호·박희순·박성배·김선웅, 2010, "살아있는 땅, 낙동강 삼각주", 낙동강하구에코센터
- 장용창, 2022, "꼬마물떼새 육아 일기", 송송출판사
- 김구연·박희순, 2010, "낙동강하구의 식물생태", 도서출판 동아기획
- 박상용, 이주용 그림, 2010, "연못과 개울가 물풀의 생태 이야기 - 수생식물 도감", 보림출판사
- 김제곤, 2013, "윤석중 연구", 청동거울

- 래리 스타·크리스토퍼 워터먼, 김영대·조일동 옮김, 2021, "미국 대중음악 민스트럴시부터 힙합까지, 200년의 연대기", 한울엠플러스
- 셀마 라겔뢰프, 홍재웅 옮김, 2010, "닐스의 모험", 대교출판
- 셀마 라겔뢰프, 임다솔·남궁선하 그림, 2003, "닐스의 신기한 모험", 그레이트북스
- 한스 크리스티안 안데르센, 빌헬름 페데르센 외 그림, 햇살과나무꾼 옮김, 2017, "안데르센 동화집 1", 시공사
- 한스 크리스티안 안데르센, 니콜라우스 하이델바흐 그림, 김서정 옮김, 2022, "안데르센 메르헨", 문학과지성사
- 제레미 시프먼, 김형수 옮김, 2011, "차이콥스키, 그 삶과 음악", 포노PHONO
- 이치니치 잇슈, 진선영 옮김, 2022, "동네에서 만난 새", 도서출판 가지
- 강병국, 최종수 사진, 2015, "생명의 젖줄, 그 야생의 세계 낙동강 하구", 지성사
- 이청준, 1986, "이어도·매잡이-이청준 중편집", 글방문고
- 이윤옥, 2023, "이청준 평전", 문학과지성사
- 오스카 와일드, 월터 크레인·제이콥 후드 그림, 해바라기 프로젝트 옮김, 2021, "행복한 왕자, 에디시옹 장물랭
- 김태우 글·사진, 2022, "곤충이 좋아지는 곤충책", 궁리출판
- 한영식, 2023, "쉬운 곤충책", 진선출판사
- 강병화, 2018, "약과 먹거리 식물도감", 한국학술정보
- 대한불교조계종 교육원 엮음, 2022, "불교 개론", 조계종출판사

인터넷

- 국가생물다양성정보공유체계 https://www.kbr.go.kr
- 국가유산청 누리집 https://www.khs.go.kr
- 국립생태원 https://www.nie.re.kr

* 본 출판물은 〈2025 우수 출판콘텐츠 제작지원〉의 일환으로 부산광역시와 부산정보산업진흥원의 지원을 통해 제작되었습니다.

생명의 아름다움
그린란드